HISTÓRICO
DOS JOGOS

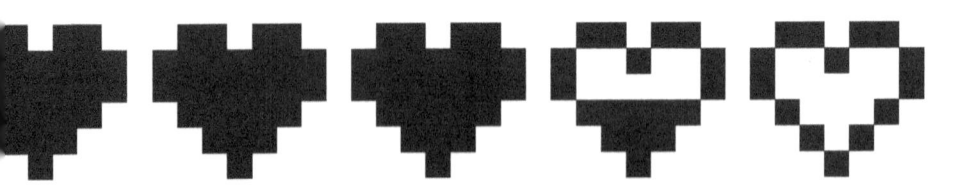

✱ Os livros dedicados à área de design têm projetos que reproduzem o visual de movimentos históricos. Neste módulo, as aberturas de partes e capítulos com *letterings* e gráficos pixelizados simulam a era dos jogos da década de 1980, que se tornaram febre nos fliperamas e levaram à popularização dos consoles domésticos.

HISTÓRICO
DOS JOGOS

Lucia Maria Tavares

inter
saberes

Rua Clara Vendramin, 58 . Mossunguê . CEP 81200-170 . Curitiba . PR . Brasil
Fone: (41) 2106-4170 . www.intersaberes.com . editora@intersaberes.com

Conselho editorial
Dr. Ivo José Both (presidente)
Dr.ª Elena Godoy
Dr. Neri dos Santos
Dr. Ulf Gregor Baranow

Editora-chefe
Lindsay Azambuja

Gerente editorial
Ariadne Nunes Wenger

Assistente editorial
Daniela Viroli Pereira Pinto

Edição de texto
Monique Francis Fagundes Gonçalves
Arte e Texto Edição e Revisão de Textos
Mycaelle Albuquerque Sales

Capa
Luana Machado Amaro (design)
Tetsuo Buseteru/Shutterstock (imagem)

Projeto gráfico
Bruno Palma e Silva

Diagramação
Kelly Adriane Hübbe

Equipe de design
Débora Gipiela
Luana Machado Amaro

Iconografia
Regina Cláudia Cruz Prestes
Sandra Lopis da Silveira

Dados Internacionais de Catalogação na Publicação (CIP)
(Câmara Brasileira do Livro, SP, Brasil)

Tavares, Lucia Maria
  Histórico dos jogos/Lucia Maria Tavares. Curitiba: InterSaberes, 2021.

  Bibliografia
  ISBN 978-65-5517-954-5

  1. Jogos eletrônicos 2. Videogames – História I. Titulo.

21-55741 CDD-794.8

Índices para catálogo sistemático:

1. Videogames: Recreação 794.8

Cibele Maria Dias – Bibliotecária – CRB-8/9427

1ª edição, 2021.

Foi feito o depósito legal.

Informamos que é de inteira responsabilidade da autora a emissão de conceitos.

Nenhuma parte desta publicação poderá ser reproduzida por qualquer meio ou forma sem a prévia autorização da Editora InterSaberes.

A violação dos direitos autorais é crime estabelecido na Lei n. 9.610/1998 e punido pelo art. 184 do Código Penal.

sumário

Apresentação 8

1 **História dos games: dos jogos militares ao entretenimento** 14
  1.1 Progresso dos games 19
  1.2 A febre dos jogos 25
  1.3 A revolução no Japão 27
  1.4 A mudança de padrão 30
  1.5 Os jogos, o marketing e a crise 32
  1.6 A era da interface amigável 34
  1.7 Desenho e jogos 35
  1.8 Inovações e cartuchos 37

2 **O salto dos jogos nos anos 1990: brigas e tribunais** 42
  2.1 Competitividade por mercado 44
  2.2 Melhorias 45
  2.3 Lutas e carros de corrida 46
  2.4 Disputa acirrada: Game Boy e a violência presente nos jogos 47
  2.5 A interação dos jogos com os computadores 48
  2.6 Evolução na qualidade dos jogos 50
  2.7 7ª geração: sensores de movimento 54
  2.8 8ª geração: inteligência artificial e rede social 56

- 2.9 Oito gerações com Nintendo e Pokémon 57
- 2.10 9ª geração: console híbrido e o grande desafio 57
- 2.11 Plataformas de *social gaming* 59
- 2.12 Plataformas de interação social: *social game* 61
- 2.13 *Branded social game* 63
- 2.14 Impacto das plataformas de *social gaming* hoje 64
- 2.15 Pandemia, educação e história com jogos 67

3 **Definição de jogo** 76
- 3.1 O homem e os jogos 78
- 3.2 Diversão e jogos desportivos 81
- 3.3 Jogos de tabuleiro 85
- 3.4 Jogos digitais 89

4 **Narratologia, ludologia e enredo do jogo** 104
- 4.1 E o enredo dos jogos? 107
- 4.2 Classificação dos jogos 108
- 4.3 Principais gêneros 109
- 4.4 Modalidades de tecnologia de jogos 117
- 4.5 Finalidade do jogo 118
- 4.6 Programas para criação de jogos 120
- 4.7 Programação para jogos 123
- 4.8 Fluxo e diversão 126

5 **Campeonatos *e-sports*** 132
- 5.1 Impacto das plataformas de *social gaming* hoje 135
- 5.2 Os jogos indies 137
- 5.3 Outros tipos de plataformas digitais sociais 139
- 5.4 Tendências em *social gaming* 140
- 5.5 *Smartphones* alternativos criados para jogos 143
- 5.6 Publicidade e marketing 145

5.7 O *social commerce* 147

5.8 Parcerias estratégicas 148

5.9 Os jogos ensinando o marketing 154

5.10 Game marketing 157

6 **O futuro dos jogos digitais** 164

6.1 Os jogos e a pandemia 167

6.2 Depressão, pandemia e games 168

6.3 Jogos para celular 170

6.4 Games na nuvem 172

6.5 *Streaming* de jogos 173

6.6 Mercado de jogos pós-pandemia 175

Considerações finais 182
Referências 184
Sobre a autora 198

apresentação

Planejar e desenvolver um livro consiste em um complexo processo de tomada de decisão. Por essa razão, representa um posicionamento ideológico e filosófico diante dos temas abordados. A escolha de incluir determinada perspectiva implica a exclusão de outros assuntos igualmente importantes, em decorrência da impossibilidade de dar conta de todas as ramificações que um tópico pode apresentar.

Nessa direção, a difícil tarefa de organizar um conjunto de conhecimentos sobre determinado objeto de estudo – neste caso, a improvisação no âmbito da história dos jogos – requer a construção de relações entre história, conceitos, constructos e práxis, articulando-se saberes de bases teórica e empírica. Em outros termos, trata-se de estabelecer uma rede de significados entre saberes, experiências e práticas, assumindo-se que tais conhecimentos encontram-se em constante processo de transformação.

Assim, a partir de cada novo olhar, novas associações e novas interações, diferentes interpretações se descortinam e outras ramificações intra e interdisciplinares se estabelecem. Embora desafiadora, a natureza dialética da construção do conhecimento é o que sustenta o dinamismo do aprender, movendo-nos em direção à ampliação e à revisão dos saberes.

Ao organizarmos este material, vimo-nos diante de uma infinidade de informações que gostaríamos de apresentar aos interessados nesse tema. Fizemos escolhas assumindo o compromisso de auxiliar o leitor na expansão dos conhecimentos sobre a história e a importância dos jogos.

Visando elencar os principais tópicos aqui trabalhados, distribuímos o conteúdo em seis capítulos. No Capítulo 1, expusemos a história dos games e o período que ficou conhecido como *febre dos jogos*. Foi trabalhada toda a evolução dos jogos até os que conhecemos nos dias atuais.

No Capítulo 2, mostramos o salto que foi dado nos anos 1990 referente a esses dispositivos. Abordamos a interação dos jogos com os computadores, a evolução na qualidade dos jogos, os consoles portáteis, além das gerações dos jogos.

No Capítulo 3, apresentamos a definição de jogo, sendo demonstrada a sua importância nos diferentes meios em que é inserido. O Capítulo 4 faz referência à narratologia, à ludologia e ao enredo do jogo, retratando em que se constitui cada uma dessas temáticas e elencando os principais gêneros e modalidades de tecnologia de jogos.

Já no Capítulo 5, promovemos uma aproximação no que se refere aos campeonatos *e-sports*, ou seja, os campeonatos de videogames existentes, e seu avanço, tratando, inclusive, dos impactos das plataformas de *social gaming* nos dias atuais.

Por fim, no Capítulo 6, fizemos uma análise do futuro dos jogos digitais e da importância que os jogos desempenharam em meio à pandemia de 2020.

A você, estudante, pesquisador, professor de música e demais interessados no desenvolvimento dos jogos, desejamos excelentes reflexões.

Martin Cloutier/Shutterstock

CAPÍTULO **1**

HISTÓRIA DOS GAMES: DOS JOGOS MILITARES AO ENTRETENIMENTO

A gamificação e os jogos digitais são tendências na educação e no ambiente corporativo. Os jogos eletrônicos são uma forma de aproximar a prática da estratégia, pois com eles o aprendizado de conceitos, por exemplo, fica mais fácil e divertido, tornando a rotina de exercícios mais atraente e auxiliando na compreensão comum de um cenário ou de um trabalho.

As instituições de educação e as empresas mais modernas já fazem dos jogos de negócios uma parte essencial de seu dia a dia. Eles são um instrumento de treinamento para enfatizar os pontos principais do processo de tomada de decisões e a importância do trabalho em equipe.

Nas décadas de 1980 e 1990, a ciência tornou os videogames mais baixos, leves, amigáveis e baratos, proporcionando novo divertimento a seus usuários. Ademais, houve uma ampla e global montagem de jogos de qualidade, e o mercado de jogos passou por um rearranjo: a Atari (empresa americana) perdeu lugar para companhias japonesas, como a Nintendo e a Sega (Harris, 2014).

Você já pensou que os games podem ser mais velhos que seus pais? Sim, os games têm um bom tempo de estrada. Dá para imaginar como seria jogar sem nossos controles, *joysticks*, computadores ou celulares? Em um mundo tão automatizado, tão solitário, os jogos tiveram seu apogeu com o intuito de divertir, unir as pessoas e trazer diversão.

Dentro desse conceito, eles foram melhorando e hoje substituem palavras, ensinam e, pasmem, estão no mundo dos negócios!

O ensaio sobre jogos começou na Grécia Antiga, onde se acreditava que o jogo era um caminho para que as pessoas tivessem um melhor desenvolvimento do estado de espírito. Para Aristóteles

(385 a.C.-323 a.C), o jogo estava ligado ao desenvolvimento humano e quem jogava procurava o prazer da vitória, sendo que a causa final do jogo é o próprio jogo.

O precursor das apropriadas caracterização e definição de jogo foi Johan Huizinga (1872-1945), para o qual este: "Promove a formação de grupos sociais com tendência a rodearem-se de segredo e a sublinharem sua diferença em relação ao resto do mundo por meio de disfarces ou outros meios semelhantes" (Huizinga, 2008, p. 16).

Sobre os jogos, com base em Harris (2014), Perreira (2021) e Kent (2001), podemos traçar uma breve linha do tempo. Em 1947, Thomas T. Goldsmith patenteou o primeiro dispositivo de jogo conhecido no mercado, o Cathode-Ray Tube Amusement, cuja produção não visava ao público massivo, já que seus custos eram bastante elevados. No ano seguinte, tomou forma o primeiro jogo digital, o Turochamp, um simulador de xadrez idealizado por Alan Turing, conhecido como o Pai da Computação, e David Champernowne. Esse jogo, porém, não tinha qualquer relação com o computador e fez um enorme sucesso por ser uma inovação.

O marco formal dessa trajetória encontra-se no começo dos anos 1950, período no qual muitos jogos de guerra e de tabuleiro foram informatizados com o intuito de aprimorar habilidades mentais. O argumento para o protótipo do primeiro computador também foi elaborado nesse período. Embora a falta de documentos oficiais impossibilite atestar tal fato, considera-se que o Turochamp contribuiu para a materialização desse invento. A fim de melhor esclarecer isso, pensemos nos jogos famosos da época. Eles funcionavam como os primeiros computadores: feitos apenas por encomenda e destinados à apresentação em feiras e exposições, sendo vistos e apreciados somente pelos participantes dos eventos. A ideia de que adentrassem os lares das pessoas era vista por todos como "coisa de outro mundo".

Compreender estrutura e funcionamento dos computadores desse momento histórico é imprescindível para entender a evolução dos jogos digitais.

Esses aparelhos eram, sobretudo, máquinas processadoras de *batches* (lotes escritos em linguagem Pascal) de orientações e rodavam, separadamente, diversos programas no interior de uma sequência. Sua difusão para uso comercial e execução de jogos era inviável por vários fatores: limitações de memória e de velocidade; escassez de cientistas especialistas na área; altos valores de produção; e dimensão absurda do equipamento (chegava a ocupar salas inteiras).

Não podemos falar da criação do primeiro videogame sem falar da criação do primeiro arcade. E o primeiro game foi o Bertie the Brain, desenvolvido pelo engenheiro Dr. Josef Kates, que construiu uma máquina de quatro metros de altura.

O que havia de tão especial nessa máquina? Ela desafiava os visitantes a jogarem uma partida de Jogo da Velha com o computador. Apresentada ao mundo na Exposição Nacional do Canadá de 1950, a máquina tinha como finalidade testar a inteligência de seus visitantes.

Os videogames são um reflexo da sociedade de sua época, ou seja, são um produto cultural. Cada cultura simboliza um jogo de acordo com o momento pelo qual está passando.

No fim dos anos de 1960, os terminais com tubos de raios catódicos ficaram populares e acessíveis, mas os computadores continuaram a aumentar o preço e a mudar de tecnologia – como o desenvolvimento do *time sharing* (compartilhamento de tempo entre aplicações, que agora podiam ser paradas por curtos períodos para a execução de outro programa de maior prioridade) e de linguagens de programação de uso e aprendizado mais simples, como o BASIC.

Uma variedade maior de jogos desenvolvidos por universitários surgiu em razão da mudança e da melhoria na tecnologia. Além disso, o preço dos televisores diminuiu, tornando o produto popular, o que acarretou a diminuição dos custos para a fabricação também de computadores.

O preço de minicomputadores chegava a 10 mil dólares, quando seu preço inicial era 25 mil dólares. O Spacewar – gerado, concebido e produzido pelos alunos do Massachusetts Institute of Technology (MIT) em 1962 – suscitou muita polêmica na sociedade científica, que ficou bem animada com o jogo, mas o custo do equipamento era extremamente caro, e o tamanho das máquinas, imenso.

Tal jogo de fliperama trouxe a revolucionária atuação em tempo real, englobando largo conjunto de armas, movimentos especiais (como variáveis: para cima, para baixo e tiros), física e um universo virtual (Loguidice; Barton, 2013). Ainda, comprovou que computadores iam além de calculadoras caras, sendo, na verdade, capazes de configurar um estágio adicional no âmbito tecnológico e propiciar diversão atrelada à inovação. Sua forma e seus valores foram, cerca de 20 anos mais tarde, identificados na estruturação do jogo Pong.

Em 1971, foi lançado o Galaxy Game, o primeiro jogo fundado na proposta de trocar dinheiro por moedas, para acessar máquinas de fliperama (arcade). Esse jogo podia ser jogado por dois jogadores na promoção de duelos espaciais e obteve especial atenção dos estudantes da Universidade de Stanford até 1979, que investiam

U$ 0,10 (centavos de dólar) para acompanhar as partidas, provocando a instalação de TVs no perímetro da instituição para que todos pudessem assisti-las.

Atualmente, é muito difícil encontrar jovens ou adolescentes que tenham noção do tamanho das máquinas que eram usadas para abrigar um simples programa.

A década de 1960 finalizou, e a tecnologia não parou de mudar e expandir seus horizontes. Nesse tempo, o desenvolvimento da memória RAM possibilitou ao jogador a chance de interagir em tempo real (Donovan, 2016).

Não podemos deixar de falar de Ralph Baer, engenheiro alemão que passou pelo Holocausto, fugiu da Alemanha e se aliou ao exército estadunidense para lutar. De volta da guerra, entregou-se à tecnologia e entrou na Sanders, em 1958. Foi contratado para criar tecnologia de ponta para a Guerra Fria, entre Estados Unidos e União Soviética, mas também começou a trabalhar no primeiro console de videogame caseiro, o Magnavox Odyssey (Donovan, 2016).

1.1 **Progresso dos games**

O modelo Brown Box foi desenvolvido, inventado e patenteado por Ralph Baer, sendo apresentado para grandes empresas americanas de eletrônicos da época, como a RCA, a Zenith, a General Electric e a Magnavox (braço da Philips holandesa), que foi a última que o testou e em seguida tratou de lançar no mercado o primeiro console de videogame da história, conhecido como Odyssey 100. O console vendeu mais de 350 mil unidades e serviu como impulsionador dos arcades. Diferentemente dos atuais, os jogos para o console fechavam circuitos gigantes entre a televisão e o sistema por meio de conectores elétricos (Kent, 2001).

Baer foi incumbido de conceber a melhor televisão do Planeta Terra. Ele pensava em desenvolver um canal de TV com jogos interativos, mas a inspiração não foi adiante. Porém, valendo-se do gancho, conseguiu amarrar a televisão aos jogos e aproveitou a ideia para montar um console ligado a um controle que permitia jogar na televisão (Kent, 2001).

Um ano mais tarde, em 1971, a Magnavox comprou o projeto de Baer, da Sanders Associates, e começou a desenvolver o Odyssey 100, o primeiro videogame feito para a televisão (Kent, 2001).

O Odyssey foi revolucionário: tinha uma das primeiras armas de luz, um tipo de controle que definiu os tão famosos canais 3 e 4 para a conexão dos consoles (Kent, 2001). Veja a seguir a Figura 1.1, que mostra o modelo da caixa de console criada por Baer.

Figura 1.1 – **Modelo da caixa de console criada por Baer**

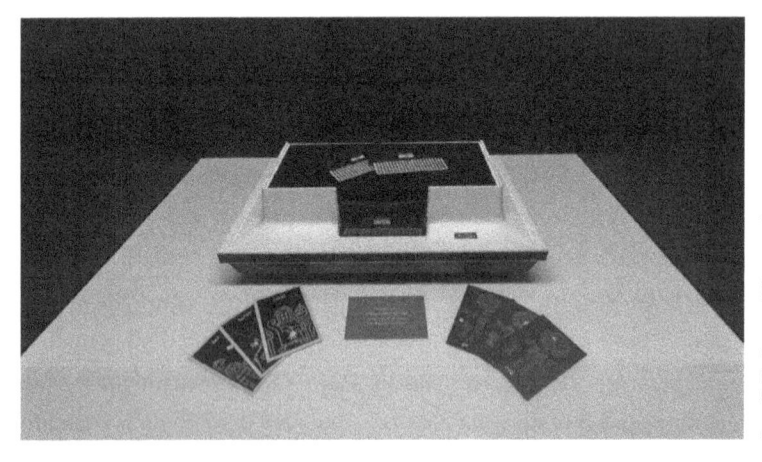

Taner Muhlis Karaguzel/Shutterstock

Considerado um ano mágico, 1974 marcou a disputa direta entre a Atari e o seu opositor direto, Kee Games, que lançou o Tank e chegou ao topo do *ranking* como o "jogo mais vendido do ano". Esse ano e essa fusão marcam a linha do tempo que colocou os jogos definitivamente no mercado de diversão e entretenimento entre jovens. A figura a seguir mostra o Tank, que apresentava um misto de desenho e realidade, importantes para época.

Figura 1.2 – **Tank**

klerik78/Shutterstock

Em 1973, Nolan Bushnell, da Atari, lançou o Pong, que serviu de inspiração a produções da Ramtek e da Nutting, acirrando a concorrência entre tais corporações (Harris, 2014).

Nesse sentido, a Atari associou-se comercialmente à Namco – aliança designada como *Sears Tele-Games*. Dois anos mais tarde, o Pong passou por atualização e negociação – iniciativa conduzida por Sears Roebuck e que alcançou cerca de 150 mil unidades vendidas. Com a referida aliança, Bushnell tornou-se sócio de Don Valentine e alçou a Atari ao seu ápice, em 1970 (Kent, 2001).

Em 1976, então funcionário da Atari, Steve Jobs foi incumbido de programar um jogo graficamente diferenciado, o sucesso Breakout, criado com o auxílio de Steve Wozniak – colaborador na elaboração e no design do computador Apple II, o nome da empresa que fundariam posteriormente (Kent, 2001).

O Fairchild Channel F, criado pela Fairchild Camera & Instrument, foi o primeiro videogame programável. Esse jogo, diferente dos outros, dava ao jogador a opção de "congelar" o jogo (parar o jogo e recomeçar do ponto em que parou), além de mudar a fase e a velocidade, dando autonomia ao jogador. A seguir, na Figura 1.3, vemos a adaptação do jogo, suas entradas periféricas e seus *joysticks*.

Figura 1.3 – **Adaptação do jogo, suas entradas periféricas e seus *joysticks***

Gary L Hider/Shutterstock

Conforme Kent (2001), diferentemente dos seus concorrentes, o Channel F iniciou um novo tempo no mundo dos games, trazendo uma evolução bombástica: seus jogos não eram mais circuitos dedicados, mas cartuchos *plug-in play* com ROM gravados e código de microprocessador.

Vendido pelo preço de varejo nos Estados Unidos, foi lançado no Japão em outubro do ano seguinte. Teve a honra de ser o primeiro console de videogame baseado em cartucho ROM programável e o primeiro a usar um microprocessador.

Originalmente chamado *Video Entertainment System*, ou VES, quando a Atari lançou seu VCS no ano seguinte, a Fairchild mudou o nome de sua máquina, embora continuasse a usar o nome antigo ao lado do novo, em razão da parceria com a Atari. Em 1977, o Fairchild Channel F vendeu 250 mil unidades, ficando atrás das vendas do VCS da Atari.

Em 1976, surgiu um marco na programação dos jogos com a empresa Connecticut Leather Company (Coleco), que colocou no mercado o jogo Telstar Pong, uma versão do Pong com melhorias e tecnologia equivalentes às outras máquinas criadas anteriormente (Harris, 2014).

De acordo com Schreier (2017), em 1977, o jogo Gunfight foi o primeiro jogo de fliperama a ser importado pelos Estados Unidos, pela Midway Games. Em acordo com a Taito e importados pela Midway, o Football e o Space Invaders, jogos feitos para fliperamas, venderam mais que todos os jogos do mercado. Vale evidenciar que ainda não havia *joysticks* para os jogos e o controle tinha dez botões, um de cada cor, para cada jogador.

Os jogos passaram a ter *easter eggs* (em tradução literal, "ovos de páscoa"). Um exemplo de *easter egg* foi o nome de Warren Robinett, o pai do Adventure, aparecer luminoso, em cores de arco-íris, em uma sala secreta que ele criou no jogo.

Como esclarece Harris (2014), para conseguir entrar na sala, o jogador precisava conseguir encaminhar um ponto cinza localizado no meio do jogo até a tela inicial. Assim, *easter eggs* fazem parte da cultura *gamer* desde os primeiros consoles, fazendo referência a qualquer coisa que seja externa, do mundo real, ao mundo que foi criado para o jogo. Qualquer coisa mesmo: pessoas, outros jogos e até mesmo séries. As salas secretas viraram febre nos jogos e passaram a fazer parte desse mundo.

Inventado por Tomohiro Nishikado, da Taito do Japão, e inspirado no Breakout, o Space Invaders foi lançado em 1978 e se tornou um dos maiores clássicos dos arcades. Sua popularidade quadruplicou as vendas do Atari 2600. Assim, o oriente chegou ao ocidente, sendo um dos primeiros sucessos do mercado japonês a atingir os Estados Unidos. O Football da Atari e o Space Invaders, importados pela Midway Games, bateram todos os recordes de vendas da época (Harris, 2014).

Em 1978, a Atari pensava apenas no lado comercial e esquecia as pessoas envolvidas na criação de jogos; assim, os segredos viraram atrativo e diferencial nos jogos (Harris, 2014).

Os anos 1970 trouxeram avanço e disseminaram os computadores. No fim da década, a popularização era tão grande que já era possível encontrar computadores pessoais nas casas de *nerds* e entusiastas. O surgimento do sistema UNIX, das linguagens de maior nível (C e BASIC) e do compartilhamento de tempo dos processadores permitiu a criação de ambientes de programação nos Estados Unidos (Harris, 2014).

Com as linguagens de programação, surgiram as redes de grandes áreas, como a Arpanet, permitindo expandir os horizontes por meio do tráfego de dados via rede (Harris, 2014).

1.2 A febre dos jogos

Como aponta Schreier (2017), com a chegada do Space Invaders para o Atari 2600, as vendas do console explodiram. O sucesso do Atari 2600 mostrava mais uma vez que os videogames vieram para ficar.

Os jogos que existiam até o momento foram reformulados para o console, enquanto a empresa, no topo do mercado de jogos, negociava os direitos de *blockbusters* como o Space Invaders. Esse foi o primeiro jogo do mercado que usava a morte de outros seres na sua temática.

Em 1979, do outro lado do planeta, a japonesa Sega disparava na frente com a criação do SG-1000, sendo base para a versão de 1982 (versão de testes que contou com o Sega SG-1000, o Sega SG-1000 II e o Sega Mark III) (Harris, 2014).

Outro jogo com grande audiência feminina foi lançado. Criado em 1980 por Ed Logg e Dona Bailey, o Centipede apresentava outra novidade: uma mulher na área de programação. Com essa mudança de público, os jogos tornaram-se a forma de entretenimento mais democrática de todas (Harris, 2014).

Em 1983, liberaram para o mercado o Monaco GP, que usou como base o Pro Monaco GP, de 1980, e, mais tarde, em 1989, foi criada outra versão mais realista: o Super Monaco GP (Harris, 2014).

Conforme Schreier (2017), a Nintendo abriu uma nova fábrica em Uji, no Japão, para aumentar a capacidade de produção e permitir sua expansão comercial. As ações da empresa foram cotadas em junho de 1983 na primeira sessão da Bolsa de Tóquio. Ao mesmo tempo, a empresa lançou sua primeira linha de linha de consoles portáteis no Japão, que se popularizaram rápido, o Game & Watch, que possuía apenas um jogo.

Surgiu também a Activision, que foi criada por programadores que saíram da Atari. Nasceu, assim, no mundo dos jogos, a primeira *startup* terceirizada da história. Não bastasse isso, a nova empresa passou a competir com a antiga anfitriã (Schreier, 2017).

Segundo Harris (2014), a Namco colocou no mercado o melhor jogo de fliperama de todos os tempos e estourou em vendas em todo o mundo, o Pac-Man, que revolucionou o mercado e abordou outros conceitos da vida real. Seu criador, Toru Ywatami, disse que, para criar o personagem, inspirou-se em uma pizza com sete fatias, lançando assim um protagonista dentro do universo dos videogames.

O conceito do Pac-Man era diferente dos outros jogos que faziam sucesso nos fliperamas, pois apresentava mecânicas originais e inventivas, como a introdução de labirintos, o uso de inimigos que perseguem o protagonista e itens que aumentam os poderes do herói.

Segundo o criador do jogo, um dos seus objetivos principais era fazer um apelo ao público feminino, pois, em sua opinião, havia poucas meninas interessadas e frequentadoras de fliperamas. Desde o lançamento, o Pac-Man rendeu mais de trinta continuações para uma variedade de plataformas.

A Atari apenas repaginou, não fazendo nada além de colocar o velho Battlezone no mercado novamente, só que agora como o primeiro jogo 3D em primeira pessoa, feito por Ed Rotberg (Harris, 2014).

Tratava-se de um desafio de tanque em um cenário bélico na mesma fórmula antiga de jogos para guerra. A grande novidade era que o governo americano encomendava uma versão melhorada e a utilizava com propósitos militares. Os jogos, nesse caso, voltavam a fazer parte das táticas e estratégias de guerra. Então, a cara do videogame mudou novamente.

O novo estilo de jogo, divertido e desafiador ao mesmo tempo, dos anos 1980 fez o Donkey Kong e o Pac-Man reviverem a forma competitiva de jogar: formavam-se jogadores de elite, que começavam a emergir e a competir pela maior pontuação nas máquinas dos jogos.

O perfil dos participantes dessas competições não era o mesmo de hoje, composto de jovens e adolescentes. Um grande jogador que tomamos por exemplo é Doris Self, que, em 1984, conquistou o recorde mundial do jogo Q*Bert no Twin Galaxies Video Game Tournament, aos 58 anos de idade (Harris, 2014).

1.3 A revolução no Japão

De acordo com Harris (2014) e Pereira (2021), em 1983, apesar dos esforços dedicados à criação de jogos mais sofisticados, à busca por um novo "tesouro", o que ocasionou a fundação de inúmeras empresas do setor, a gestão insuficiente dessas desenvolvedoras e a má qualidade de suas produções, entre outras causas, culminaram em um *crash* de mercado – cenário bastante diferente do experienciado no Oriente, sobretudo no Japão.

O referido país, entretanto, não encontrava rápido espaço no Ocidente para suas tecnologias e inovações, as quais levavam cerca de três a cinco anos para figurar nesse lado do mundo e, ainda assim, demandavam adequações à cultura local. Exemplo disso é a Nintendo da América em 1980, que, após o Computer Othello, não mais conseguiu emplacar sucessos no Ocidente. Na verdade, quase declarou falência, já que não atraía pela quantidade de produções e estas não tinham o apelo violento buscado na época. Por isso, por um tempo, investiu massivamente noutros nichos, como revistas, produtos diversos e na imagem dos personagens (Harris, 2014; Pereira, 2021).

Como explicamos, tal problemática não se estendeu à sede japonesa da empresa, que seguiu liderando o mercado do país por toda a década de 1980. A Sega, por sua vez, no período, obteve os direitos autorais para lançar o jogo Missile Comand no Japão, o qual pertencia à Atari (Harris, 2014; Pereira, 2021).

1.3.1 A guerra entre japonesas e americanas no mundo dos jogos

Segundo Harris (2014), no Japão, A Sega e a Sony queriam ganhar o grande mercado americano, apesar das diferenças culturais. Os jogos, quando eram lançados nos Estados Unidos, sofriam alterações relativas por causa dessa questão.

A Atari aplicou uma política péssima para os funcionários e eles acabaram saindo da empresa. Surgiu mais uma *softwarehouse* de funcionários descontentes da Atari: a Imagic, uma das *startups* mais competentes e que produziu o console Atari 2600.

A Activision lançou vários sucessos, como o jogo do Caso de Freeway, desenvolvido por David Crane; Kaboom, desenvolvido por Larry Kaplan; e Tennis e Ice Hockey, de Alan Miller. A Atari, por sua vez, tentou negociar os direitos do Pac-Man, que já era um sucesso.

O Tempest, da Atari, também era um jogo com gráficos vetoriais coloridos, de visual bem agradável, mas de tecnologia instável e propenso a erros. A grande sacada foi que, mesmo com muitos erros, o jogo levantou uma legião de fãs, que ficaram instigados para resolver os erros e *bugs*.

1.3.2 O ano da concorrência

Novo console à vista, foi lançada no mercado a Vectrex, a primeira e única máquina, até então, a usar apenas gráficos vetoriais. Fazia parte do console um jogo na memória, o Minestorm, que nada mais era do que um clone do Asteroids com um controle analógico de quatro botões, como aponta Harris (2014).

A Coleco apareceu outra vez no mercado e lançou o ColecoVision, console baseado em cartucho com os melhores sons e gráficos da época, além de ótimas versões de Jungle Hunt, da Atari, Donkey Kong e Donkey Kong Junior, da Nintendo – notadamente, uma empresa em ascensão.

A Atari entrou numa fase de decadência e lançou *releases* no mercado com as versões de Pac-Man e do jogo E.T. Mas era sempre mais do mesmo: versões dos mesmos títulos e de outros de baixa qualidade viravam lixões no Novo México.

Segundo Kent (2001), a Namco criou o Ms. Pac-Man, que se tornou o maior sucesso do Arcade nos Estados Unidos e virou sucesso de vendas. Feito por dois adolescentes que modificavam e vendiam *upgrades* para fliperamas, o jogo era, na verdade, um *hack*. Suas adaptações fizeram tanto sucesso que a Namco acabou comprando o Ms. Pac-Man e contratando os dois adolescentes.

Como o jogo não era comercializado no Japão, a Namco resolveu trabalhar o Super Pac-Man, um jogo muito diferente do original que inovava trazendo itens da cultura norte-americana, como latas de Coca-Cola e hambúrgueres. Era, definitivamente, uma versão inovadora no mercado.

1.4 A mudança de padrão

A então pequena Microsoft, de Bill Gates, um jovem arrojado que ainda estava aumentando seus negócios no início da década de 1980, teve sua primeira grande expansão por meio da parceria com a japonesa ASCII, que levou a empresa a abrir seu primeiro escritório internacional em Tóquio (Schreier, 2017).

O objetivo era claro: criar um padrão de *hardware* para os computadores. Assim, os custos de produção foram popularizados e, finalmente, os PCs se tornaram um produto acessível a todo público. Assim, em 1983, em uma conferência para a imprensa, surgiu o padrão aberto MSX, sigla em inglês para *Machine witch Software Exchangeability* (Schreier, 2017).

Schreier (2017) destaca que o MSX tinha um formato só dele, com uma arquitetura bem planejada e de fácil expansão. Era um caso raro de computador realmente *plug & play* na história, ou seja, com um periférico que funcionava sem a necessidade de instalação de *drivers*, já que eles vinham embutidos no próprio *hardware*.

Sendo assim, diversos fabricantes se interessaram em produzir o computador, em sua maioria, fornecedores do Japão, como Sony, Panasonic e Casio.

O desenvolvimento do MSX foi realizado por Kazuhiko Nishi, antigo executivo da Microsoft do Japão e fundador da ASCII Corporation, que tinha como foco principal do seu negócio a publicação de artigos acadêmicos sobre computadores.

A ASCII editou o Famicom Tsuushin, hoje Famitsu, que agora faz suas publicações pela Enterbrain e é a publicação mais famosa sobre videogames na atualidade (Harris, 2014).

As empresas coreanas Goldstar (atual LG), Samsung e Daewoo, além da holandesa Philips, também produziram o MSX. Esse projeto, em razão da carência de tecnologia no Brasil, foi aceito, e duas fabricantes nacionais lançaram o padrão MSX por aqui: a Gradiente e seu Expert, e a Sharp, com o HotBit. Foi lançado também o Dragon's Lair, de Don Bluth, o primeiro a utilizar tecnologia de vídeo *laser*.

Enquanto a indústria americana não criava jogos novos – e sim *releases* de antigos –, a Nintendo lançou, no Japão, o Famicom e incentivou as pequenas *startups* da época a criarem jogos de console.

A empresa Commodore International teve uma grande sacada ao criar uma resolução de vídeo de 320x200 *pixels* e 16 cores simultâneas, uma resolução maravilhosa para época e com a melhor *performance* acessível para o jogador. Foi quando surgiu o Commodore 64, um computador relativamente barato e poderoso (Schreier, 2017).

A Nintendo criou um console que parecia, propositalmente, um brinquedo. Com jogos adaptados, como Donkey Kong, Donkey Kong Junior e Popeye, a novidade era que os jogos podiam ser jogados por duas pessoas ao mesmo tempo.

1.5 Os jogos, o marketing e a crise

Nasceu, então, o Nintendo Entertainment System (NES) no mundo oriental. O Famicom, console que transformou a Nintendo em uma gigante, ganhou apoio das primeiras *softwarehouses* independentes que começaram a criar jogos para a plataforma (Harris, 2014).

O ano de 1984 iniciou com muita dificuldade para o mercado de jogos eletrônicos. A crise por falta de novidades na América do Norte causou a proliferação de jogos de baixíssima qualidade e o barateamento dos computadores pessoais (Schreier, 2017).

Como o computador também atendia a diversas áreas, inclusive a educacional, e permitia jogar e fazer outras atividades, as vendas desses equipamentos aumentaram e os jogos entraram em decadência. Além disso, revistas especializadas ofereciam quatro ou cinco programas novos, inclusive jogos, a cada edição. As revistas viraram uma febre e fizeram um marketing positivo para a Nintendo. Como os quadrinhos, elas realçavam os personagens, davam dicas de jogos e criavam um verdadeiro acervo escrito de jogos (Schreier, 2017).

O jogo E.T. é um exemplo da qualidade desastrosa dos jogos da época. Foram feitas 5 milhões de cópias e apenas 500 mil delas foram vendidas. Além de gerar muita reclamação, o restante das cópias que não foram vendidas foi enterrada em um aterro (Schreier, 2017).

Os jogos dessa época fizeram o público perder gradualmente a confiança na sua qualidade e, com isso, quase todas as empresas de jogos de arcade e de console faliram. A indústria sofreu quedas vertiginosas, passando de bilhões a poucos milhões.

A Hudson Soft, que mais tarde lançaria clássicos como Star Soldier, Bomberman e Adventure Island, foi uma pequena *softwarehouse* que inovou. Os seus primeiros jogos, como Nuts & Milk e Lode Runner, vinham com uma fita cassete para a gravação dos dados e, acoplado ao periférico Family Basic, transformavam o Famicom num computador (Bresciani, 2001).

O Japão conseguiu sobreviver à crise e enviou a Nintendo para levar de volta aos Estados Unidos, depois de muitos anos, os jogos de console. Os computadores, que começaram a invadir as casas, como os conhecidos PCs, logo atraíram desenvolvedores caseiros e amantes de jogos passaram a desenvolver jogos para computadores.

Uma verdadeira comunidade foi criada, a qual distribuía seus jogos entre programadores amantes de jogos por meio de códigos impressos em revistas, disquetes, fitas cassetes de ROM (avô do CD-ROM). Essa troca de informações era feita via correio (Bresciani, 2001).

Na década de 1980, os jogos para computadores aumentaram invariavelmente e, assim, derrubaram o mercado de consoles.

1.6 A era da interface amigável

Pistolas, guitarras, robôs e movimento, sucessos do arcade e do Famicom – o Japão lançou uma linha que brinquedos que interagiam com jogos. A própria Nintendo aliou a katana (espada samurai) às conversões de sucessos do arcade, como o Kung Fu Master, da Irem, e o lendário Super Mario Bros. Além disso, cedeu o NES visando torná-lo relevante no mercado norte-americano (Harris, 2014).

Isso se mostrou um obstáculo, já que, em virtude principalmente das diferenças culturais (o Ocidente costumava enfocar a guerra e a violência; o Oriente, sentimentos mais positivos), os comerciantes norte-americanos tinham certa desconfiança quanto aos videogames da Nintendo. Soma-se a isso o fato de existir uma cláusula contratual regulando o processo de venda: tal empresa via-se, por isso, obrigada a adquirir todo o excedente não vendido. Diante disso, teve de adequar-se aos valores e às expectativas desse potencial consumidor, que concebia videogame como complemento da televisão, e não como um brinquedo à parte (Harris, 2014).

Em seu momento mais difícil, a empresa idealizou o robô R.O.B, que, em vez de ser comercializado como videogame, era convertido pelo NES num console com um pacote para jogos de robôs – proposta pouco explorada, visto que apenas dois jogos foram programados.

Para colocar em evidência as potencialidades desse novo negócio e para distanciá-lo dos consoles que quase resultaram na falência das companhias de jogos, toda a imagem dos consoles foi repaginada. Nesse momento, passaram a ser alocados à frente da TV, como um videocassete, e jamais em cima dela, como os antigos consoles. Ademais, o cartucho foi batizado de *Game Pack16* (Schreier, 2017).

A Atari, por sua vez, baseando-se na proposta do Macintosh, da Apple Inc., lançou um computador com *chip* 68000 (Motorola, 16 *bits*), o 520ST, mais conhecido como *Jackintosh*. Em 1985, foi disponibilizada a segunda versão do MSX, o MSX2, com melhores gráficos e RAM mínima de 64 quilobytes (Schreier, 2017).

O grupo conferia considerável atenção a trilhas sonoras e, até mesmo, incorporou aos seus cartuchos um *chip* que adicionava cinco canais de melodia aos três jogos nativos do computador. Essa tecnologia, chamada de *SCC*, foi aplicada a jogos do NES, como Castlevania III: Dracula's Curse; Journey to Silius; e Batman: Return of the Joker (Schreier, 2017).

1.7 Desenho e jogos

A Tectoy, como uma empresa de brinquedos, conseguiu a atenção da Sega, porque quem fazia o Master System nos Estados Unidos também era uma empresa de brinquedos, a Tonka. O futuro continuou sorrindo para a grande Nintendo. O NES havia vendido 1,8 milhão de unidades, e a revista da companhia para seus jogadores, a *Nintendo Fun Club*[17], contava com 600 mil inscritos em 1987.

Satisfeita com o teste aplicado em Nova Iorque, a Nintendo contratou a World of Wonder, criadora de Teddy Ruxpin e Laser Tag, para ajudar no marketing do NES em território americano (Donovan, 2016).

Em 1988, o nome da revista da Nintendo foi mudado para *Power Magazine*[18] e, por meio dela, os jogadores podiam enviar cartas para os editores, participar de competições e ganhar produtos exclusivos.

Fazia parte do projeto da Nintendo criar uma comunidade para seus jogadores e ganhar a confiança deles.

O sucesso do Famicom no Japão fez com que os videogames voltassem com força para a América do Norte em 1986, quando a Nintendo lançou o NES nos Estados Unidos (Harris, 2014).

Após cinco anos de reinado absoluto nos consoles, a Nintendo reconheceu uma grande rival. Em 1988, a Sega lançou seu novo console, o Mega Drive, no Japão. Um ano depois, o console foi lançado nos Estados Unidos com o nome de *Genesis*.

Chegou à América do Norte o Master System, com a esperança de superar o mercado japonês. Distribuído pela Tonka, fabricante de caminhões de brinquedo, o console chegou com a força do nome *Sega* nos arcades e alguns jogos originais, como Hang On e Phantasy Star, mas não atingiu o sucesso desejado. A pistola e os óculos 3D, ambos para poucos jogos, não ajudaram a melhorar e os imagem do Master System.

O console foi lançado no Brasil pela Tectoy e, sem a concorrência oficial da Nintendo, acabou se tornando febre. A Sega também investiu muito alto em um marketing agressivo, promovendo o *slogan* provocativo "Genesis does what Nintendon't" (Schreier, 2017).

Também, a Gradiente quis se aproximar dos japoneses depois de conseguir um considerável sucesso de vendas com sua versão do Atari 2600, por meio da Polyvox (Silva, 2016).

1.8 **Inovações e cartuchos**

A Atari ainda fazia jogos para o 2600, mas estes foram ignorados pela imprensa. A empresa também fazia conversões de Galaga e Dig Dug (Namco); Asteroids e Centipede (Atari); Robotron: 2084 e Joust (Williams); e One-in-One Basketball (Electronic Arts) para o 7800. A Nintendo continuava crescendo e assustando a concorrência (Harris, 2014).

O Stadium Events foi um dos poucos jogos criados e vendidos no continente americano que permitiam o uso de um "tapete-controle" de plástico – nele, os jogadores precisavam andar, correr e pular para fazer com que os personagens se movessem no game. Feito para o NES, foi sucesso de vendas e atualmente é considerado uma raridade (Harris, 2014).

O PC Engine foi lançado no Japão pela NEC, em outubro de 1987, com a difícil tarefa de abrir concorrência e ultrapassar a toda poderosa Nintendo Famicom (NES no Ocidente) em popularidade e vendas. O console era equipado com dois processadores de 8 *bits*, além de uma poderosa placa de vídeo de 16 *bits*. O design e o tamanho do PC Engine, que já veio de uma maneira totalmente diferente para o mercado, eram menores e adaptáveis (Harris, 2014).

Figura 1.4 – **Placa de vídeo de 16 *bits***

A World of Wonders lançou o Action Max, um videogame muito diferente dos que estavam no mercado, com direito à pistola de luz e jogos gravados em fitas VHS, que deviam ser colocadas em um aparelho de videocassete. No entanto, este não fez sucesso.

Alberto Garcia Guillen/Shutterstock

CAPÍTULO 2

O SALTO DOS JOGOS NOS ANOS 1990: BRIGAS E TRIBUNAIS

Os jogos digitais deram um enorme salto dos anos 1980 para os anos 1990. O design e os personagens evoluíram e a criação em 2D começou a fazer muito sucesso. Logo, empresas começaram uma luta acirrada para ver quem ocupava o melhor lugar no mercado (Schreier, 2017).

Personagens japoneses, como Super Mario, explodiram no mercado com seu novo design, e nos Estados Unidos um novo conceito foi lançado: a sexualização de personagens. Disputas podem causar evolução, e por essa razão foi um período realmente fértil para os jogos digitais (Schreier, 2017).

E entre musas, macacos e encanadores, vamos encarar a história dos jogos dos anos 1990 até hoje. Preparados?

Considerado por muitos o design perfeito para um jogo 2D para a terceira dimensão, em 1996, Super Mario 64 foi um sucesso de bilheteria. Já nos Estados Unidos, Tomb Raider foi lançado no mesmo ano e com uma diferença entre todos os jogos até então: a sexualização de uma personagem (Lara Croft), que tirou o estigma do sexo nos jogos e saiu em revistas (inclusive as adultas), colocava em xeque o papel das mulheres em jogos (Kent, 2001).

Em termos de console, na mesma época, a Sega lançou o 32X, que virou o Mega Drive em 32 *bits*, justamente para blindar a concorrência e impedir que o Atari Jaguar e o 3DO ganhassem espaço. Um dos diferenciais que mais pesou foi que o periférico possuía uma boa leva de jogos, como Virtual Racing, Star Wars e Doom (Donovan, 2016).

A Nintendo lançou então a saga Zelda, Zelda II, The Adventure of Link e Super Mario Bros 2. É bom ressaltar que o Mario lançado na América não é o mesmo Mario 2 lançado no Japão.

Após fracasso seguido de fracasso (a linha de computadores ST, o Jackintosh) e de todos os outros produtos que sucederam a linha games, a Atari, comandada pelos despreparados irmãos Tramiels, lançou versões de Donkey Kong (1981), Donkey Kong Junior (1982) e Mario Bros. (1983) para o 7800. Nesse período, a NEC se aliou à Namco e à IREM e deu um importante passo para firmar o sucesso do PC Engine (Donovan, 2016).

Chegou ao mundo, direto da URSS (União das Repúblicas Socialistas Soviéticas), em 1988, o Tetris, de Alexey Pajitnov. Embora tenha criado um jogo conhecido mundialmente, Pajitnov não teve lucro algum, pois este foi retirado pela política comunista. O Tetris impressionou pela lógica básica e teve uma popularidade incomum, além do público mais velho aderir ao jogo. Ele é base para jogos *on-line* de sucesso hoje em dia, como o Candy Crush (Harris, 2014).

2.1 Competitividade por mercado

O Game Boy da Nintendo, um videogame portátil, com imagens monocromáticas e que tinha em seu cartucho o Tetris, versões de Super Mario, o Super Mario Land, um genérico de Breakout, o Alley way e um jogo de beisebol, fez sucesso nos Estados Unidos.

A Tengen, que passou a produzir o Tetris, sofreu um atentado e um lote muito grande de jogos foi destruído. As cópias piratas entraram no mercado e foram vendidas por um preço muito baixo. A Atari descobriu um meio de desbloquear o *chip* do Nintendo e lançou jogos não autorizados sob a marca Tengen (Harris, 2014).

A Atari lançou o Lykx, desenvolvido pela Epyx, que estava quebrada no mercado. Mesmo falida, a Epyx lançou grandes jogos para o Lynx, e a Atari fez conversões (o que era sua especialidade) para o 7800 e seus arcades. E, mais uma vez, o portátil da Atari não agradou o mercado. Além de mais caro que o Game Boy, o Lynx pagou o preço pela falência da sua fundadora (Donovan, 2016).

Seguiram-se inúmeros processos e recursos. A Atari ganhou os direitos para lançar para o NES (Nintendo Entertainment System) as versões de Shinobi, Alien Syndrome e Afterburner, todos da Sega, e conversões de arcades da própria Atari. O PC Engine, que nos Estados Unidos se chamou *TurboGrafx-16*, foi o primeiro console a ter CD-ROM (Donovan, 2016).

A Nintendo se destacou também pelo marketing praticado. Seguindo a linha do seu criador, Fusajiro Yamauchi, aquele que vendia e publicava cartilhas de como jogar as cartas antes dos eventos importantes, nada era mais importante do que educar o mercado para usar seus produtos (Donovan, 2016).

2.2 Melhorias

A Sega, apesar de se ligar na inovação e avançar tecnologicamente, manteve a política de conversão de jogos para arcade pelo Mega Drive.

A Capcom já tinha lançado uma versão genérica de Strider para o NES, mas a conversão que ganhou destaque foi a da Sega, dando ao Strider, no ano de 1990, o prêmio de melhor jogo.

Também na sequência foi colocado no mercado o Sega Game Gear, com a cara dos anos 1990, colorido e infantilizado, para concorrer com a Nintendo.

A NEC lançou o TurboExpress, um jogo portátil com um ótimo monitor de cristal líquido que pode ser conectado a um sintonizador de TV. Nada de novo até aqui, apenas um console portátil cuja grande inovação e diferencial eram o de poder ser acoplado a um monitor.

O primeiro portátil a virar console foi o TV Boy, que funcionava como uma versão com os melhores momentos do Atari 2600. Sem monitor, com funcionamento à pilha e entrada para cartucho, tinha cem jogos na memória, o que fez a Atari tentar bloquear as vendas e entrar em uma batalha judicial.

Nos Estados Unidos, a Nintendo travou uma batalha na justiça com a rede de locadoras Blockbuster e alegou subversão, afirmando que o aluguel de cartuchos derrubava as vendas.

2.3 Lutas e carros de corrida

Mario, o encanador bigodudo italiano e mascote oficial da Nintendo, agora tinha alguém para dividir o trono de melhor personagem de jogo da história. A Sega divulgou, em 1991, sua nova mascote: um carinha legal e carismático, um ouriço que encantou o mundo. Sucesso atrás de sucesso, no mesmo período, a Sega lançou o Sega CD, um periférico que dava as opções para jogar em CD-ROM no Mega Drive.

Essa briga contribuiu para a evolução dos videogames e dos jogos. Como a Sega não estava para brincadeira e queria a maior fatia do mercado, chegou às prateleiras do mundo o Sonic the Hedgehog, no Mega Drive, para brigar de igual para igual com o novo console da Nintendo.

Na época, o conceito de jogos coletivos estava em alta. A Sony, então, estreou no mercado de videogames com o Playstation. A empresa engatou o primeiro sucesso do PlayStation, que vinha com periférico (CD-ROM) para rodar o Super Nintendo. Além de rodar o jogo de outra fabricante, prometia melhorar os artefatos gráficos e sonoros do jogo, trazendo uma pitada surreal ao universo do game. O lendário Street Fighter II foi remasterizado e fez sucesso, tornando-se uma inovação nos jogos de luta.

Os fliperamas e as casas de arcade ganhavam fôlego e revigoravam jogos como o Street Fighter II para ser jogado freneticamente. Na contramão das lutas, a concorrência investia em jogos mais sofisticados, como os de corrida.

2.4 Disputa acirrada: Game Boy e a violência presente nos jogos

Em razão do descontentamento da Sony com a parceria entre Nintendo e Philips na produção de uma plataforma compatível com o console CD da instituição holandesa, a aliança entre Sony e Nintendo chegou ao fim antes da adição do CD-ROM ao Super Nintendo, culminando também no cancelamento de jogos já em desenvolvimento. Diante desse cenário, para rivalizar com sua antes colaboradora, a Sony enfocou a criação de um console próprio, de 32 *bits*, com mídia baseada em CD (Harris, 2014).

A Sega, por sua vez, reconhecendo que o sucesso da Nintendo era decorrente também de acordos com boas *softwarehouses*, procurou fazer o mesmo. Então, com prazos curtíssimos, finalizou e disponibilizou Sonic 2 durante o Natal, cujas vendas foram elevadas e por pouco não superaram a de games da Nintendo (Caillois, 2017). Seu Mega Drive, como nos casos de Nintendo e Sony, também implantou o CD-ROM, o Mega CD (ou Sega CD). Contudo, as referidas *softwarehouses* precisaram adquirir à parte recursos como zoom e rotação de *sprites* (Caillois, 2017).

Em 1992, a jogabilidade responsiva e a mecânica de combos dos lançamentos Super Mario Kart e Street Fighter II (ambos para Super Nintendo Entertainment System – SNES) reinventaram os jogos de luta (Schreier, 2017). Já Mortal Kombat, idealizado pela Midway e difundido entre diversas plataformas, foi censurado pela Nintendo devido a seu caráter violento. Nesse mesmo contexto, visando ao console 16 *bits* da Nintendo, a Konami produziu um jogo das Tartarugas Ninjas: Turtles in Time (Albuquerque; Fialho, 2010).

2.5 A interação dos jogos com os computadores

Os senadores norte-americanos Joseph Lieberman e Herbert Kohl, preocupados com o nível de violência presente nos jogos, promoveram uma investigação para identificar os impactos disso sobre condutas e perspectivas de seus jogadores. Na realidade, o intuito central desses políticos era proibir a comercialização de tais produções, considerando-se que a maior parte delas derivava de jogos de simulação e estratégia para antever guerras reais e preparar-se para elas.

Diante dessa "caça às bruxas", as produtoras de games atacaram umas as outras, criticando lançamentos como Night Trap e Mortal Kombat. E, em consequência da atuação de Lieberman e Kohl, foi instituída uma legislação para categorizar jogos em faixas etárias. Isso, no entanto, não atrapalhou seu consumo, já que seu sucesso há muito se consolidara, nem impediu a criação de jogos ainda mais violentos. Exemplo disso é Doom, lançado em 1993 e considerado um dos mais violentos games para computador.

Por utilizar fundamentos 3D e possibilitar a jogatina em rede, Doom foi inovador e permitiu ao computador alcançar o mais alto nível de associação tecnológica e renomada entre games e consoles (Bresciani, 2001).

Nesse cenário, Sega e Nintendo retomaram a parceria e lançaram, um após o outro, dois importantes games: Project Really (de 64 *bits*) e Sega Saturn.

Para competir com essa associação, por meio de intenso marketing, a Panasonic divulgou seu 3DO, o primeiro videogame 32 *bits* da história, criado por uma empresa homônima e que, assim como a Eletronic Arts, dominou o mercado e tornou-se sensação do console (Bresciani, 2001).

No contexto brasileiro, a Playtronic, representante da Nintendo no país, foi lançada pela fusão entre Gradiente e Estrela. Com isso, periféricos e consoles passaram a ser produzidos em Manaus, e a SNK (Shin Nihon Kikaku – "projeto novo") aqui fundou uma filial, a Neo Geo Brasil (Silva, 2016).

2.6 Evolução na qualidade dos jogos

A Nintendo surpreendeu o mercado dos games com a criação do Donkey Kong Country, desenvolvido pela Rare. O Super NES foi o jogo mais vendido do ano e, com ele, a Nintendo encostou na Sega em número de consoles vendidos (Schreier, 2017).

A Sega colocou no mercado japonês o Saturn, videogame de 32 *bits* recheado de bons jogos. Também remasterizou o sucesso do arcade, Virtua Fighter, por falta de confiança em seus parceiros.

Enquanto isso, a Nintendo lançou o Super Game Boy muito abaixo do custo do mercado. Os cartuchos de Game Boy rodavam em SGB e ainda ganhavam alguns recursos (Schreier, 2017).

Para os computadores, foi criado o Warcraft – Orcs & Humans, em 1994, entrando assim no mercado a Blizzard, que faz sucesso até os dias atuais. A Sega lançou mais um Sonic: o Sonic & Knuckles, que foi um fracasso, apesar do forte marketing.

Resumindo, mesmo com todos os investimentos feitos pela Sega, as vendas do Mega Drive não foram superiores às do SNES. Depois de alguns anos, a Nintendo voltou a ganhar essa briga (Harris, 2014).

2.6.1 Consoles de quinta geração (32/64-*bits*)

Uma maneira clara de perceber como os personagens de jogos estavam cada vez mais realistas e ganhando espaço fora do mundo virtual é a conexão dos jogadores com eles.

Nos computadores, em 1996, foram lançados dois clássicos de FPS: Quak e Duke Nuken. A quinta geração marcou os maníacos por jogos em 3D, como Super Mario 64, Tomb Raider e Final

Fantasy VII, e uniu fantasia e realidade, tornando os personagens mais humanos.

Via-se, assim, a evolução da estrutura dos jogos, mais elaborada e com um conceito de história. Os três consoles mais importantes dessa geração foram: Sega Saturn, Nintendo 64 e PlayStation.

Entre diferenças como cartuchos e CD-ROM de armazenamento, essas três empresas definitivamente mudaram o mundo e toda uma cultura com seus jogos. Apesar da concorrência, todos saíram ganhando e contribuindo para o avanço dos jogos no mundo.

2.6.2 Os consoles portáteis

O Wonder Swan, da Bandai, e o Game.com, da Tiger Electronics, não tiveram muita relevância no cenário gamer, embora o intuito fosse popularizar o produto e o preço fosse muito baixo (Harris, 2014).

Por sua vez, o Game Boy, cujas vendas aumentaram bastante com o lançamento da série Pokémon, em razão de ter se convertido também em brinquedo, expandiu-se como anime, mangá e ganhou várias versões: uma colorida (em 1998), uma de bolso (Game Boy Pocket), uma com iluminação embutida (Game Boy Light) e acessórios, como o Game Boy Camera – configurando-se em uma franquia bilionária (Schreirer, 2017).

Quanto à Virtual Boy – cuja história alguns alegam ter começado em Cambridge, e não no Japão, na Nintendo –, lançada em 1995, embora atrativa por simular realidade virtual, decepcionou seus consumidores por seu pequeno acervo de jogos e seus gráficos em preto e vermelho (Bresciani, 2001).

Em 1985, o engenheiro Allen Becker utilizou LEDs para criar uma exibição pessoal. O protótipo de Allen Becker pode ser até mesmo considerado a base para o Google Glass, que viria muito tempo depois.

A era dos jogos adultos é marcada pelas séries Grand Theft Auto, Resident Evil e NARC, os quais, por serem games adultos, tinham excessiva violência e, às vezes, sexo, o que causava controvérsia. Era uma outra geração de jogos para um outro público (Bresciani, 2001).

O mercado assistiu, em 2001, à apresentação do Dolphin, também conhecido por *Nintendo Game Cube*, projetado em 2000 – que já bateu a marca de 20 milhões de unidades vendidas. Nesse contexto, em virtude da pirataria, a Nintendo passou a comercializar seus jogos por meio de mini-DVDs (de 1,5 gigabytes). Além disso, com o Game Boy Advance, a empresa manteve sua marca entre os portáteis (Donovan, 2016; Schreier, 2017).

Seus rivais, na época, foram o WonderSwan Color (da Bandai), o Neo Geo Pocket Color (da SNK) e uma fusão entre celular e game (da Nokia) – cuja recepção pouco se equiparou à do console da Nintendo. Também nesse contexto, os próprios celulares, como plataforma, popularizaram-se (Harris, 2014).

A Sony, por sua vez, deu continuidade ao legado de sucesso do PlayStation 2, que contabilizou cerca de 120 milhões de consoles vendidos ao longo de 7 anos e marcou o início da era de 128 *bits* (Schreier, 2017).

Algumas das características dessa plataforma justificam seu sucesso: foi um dos primeiros consoles multimídia, já que rodava filmes e jogos em DVD – com armazenamento de até 8,5 *gigabytes*, o que permitia reproduzir jogos maiores; seus CDs eram compatíveis com os jogos anteriores; mesmo antes da abertura de seus servidores, em 2002, o console tinha conexão com internet via adaptador (Schreier, 2017).

Sua estrondosa aclamação resultou numa biblioteca com cerca de 1900 jogos, suporte ativo por 13 anos e servidores ativos até 2016 (Schreier, 2017).

Ainda em 2001, o representante da Microsoft, o Xbox, chegou e imediatamente ocupou a segunda posição no mercado de consoles.

Em 2004, a Nintendo lançou o Nintendo DS (ou Dual Screen e Developers System), com novidades como tela sensível ao toque e microfone embutido, ao passo que a Sony ingressou nesse nicho com o PSP (PlayStation Portable), apropriado também para execução de filmes e músicas. Embora DS e PSP fossem considerados concorrentes, suas produtoras negaram ao afirmar que eles se direcionavam para públicos distintos.

No ano seguinte, a Sony cessou a fabricação do PSOne (uma versão menor do PS1), dedicando-se a promover o PlayStation 2 e a projetar o PlayStation 3 (Schreier, 2017).

Cabe destacar que esse recorte temporal foi caracterizado pela febre das *lan houses*, sobretudo do game Counter Strike, com a proposta de jogo simultâneo *on-line* em múltiplos locais.

No fim dos anos 2000, a Nintendo produziu o console Wii, enquanto a Sega acabou desistindo de produzir *hardware* e se dedicou aos jogos – sendo que até hoje ainda cria ocasionais jogos de sucesso (como a série Yakuza).

2.7 7ª geração: sensores de movimento

Inaugurando a 7ª geração, em 2005, a Microsoft disponibilizou o Xbox 360. A princípio, optou pela tecnologia DVD, mas, em razão de seu pequeno espaço, logo a substituiu pela HD-DVD, ou seja, um arquivamento de até 15 *gigabytes* de dados em uma camada única (Schreier, 2017).

No ano seguinte, a Nintendo lançou o Wii nos Estados Unidos e no Japão. Já a Sony ofertou seu serviço de jogos *on-line*, a PlayStation Network, e anunciou o PlayStation 3 (comercializado na Europa apenas em 2007). Seu novo console, entretanto, não obteve os números esperados, se comparados aos do PS2, o que resultou em prejuízos e levou a Sony a melhorar seus gráficos, investir em realidade virtual e adotar o sistema blu-ray (com 25 *gigabytes* de espaço, isto é, 10 *gigabytes* a mais que o HD-DVD) (Schreier, 2017).

É pertinente destacar que o HD-DVD (já descontinuado) foi patrocinado por empresas como Toshiba, Sanyo e Intel, ao passo que o blu-ray foi pela TDK, Dell e Apple.

Quanto aos *joysticks* desses consoles, todos têm sensores de movimento comuns, mas o controle do PS3 foi designado como *Sixaxis* (seis eixos) – capaz de diversos movimentos e de conexão *on-line* e em múltiplos locais (Goldberg, 2011).

Pesquisadores, cientistas e criadores de jogos passaram a usar o console da Nintendo para outras aplicações relacionadas à saúde e, em alguns casos, receberam verbas de milhões de dólares para pesquisa e criação de novas tecnologias.

Durante a sexta edição da Games for Health Conference, uma nova linha de direcionamento para os games foi mostrada:

o entretenimento e as novas maneiras de utilização de videogames, com controles dotados de sensores de movimentos, ajudariam médicos e pacientes em processos de recuperação.

Tratava-se de uma nova etapa na vida dos jogos – a etapa da pesquisa e aplicação em outras áreas diversas da área da diversão.

Nesse período, os jogos para computadores domésticos ganharam força, principalmente em razão das redes sociais e, com eles, o sistema de negócios *freemium*, no qual os jogos são grátis, mas pontos de energia ou itens extras são vendidos separadamente para o jogador.

A inteligência artificial, ainda em fase de projeção, foi experienciada pelos jogadores por meio do conceito de Milo, uma espécie de garoto virtual do Xbox e que interagia com seus usuários (Harris, 2014).

Ainda sobre consoles, o PlayStation Move contava com quase uma réplica do *joystick* do Nintendo Wii, o Kinect (lançado em 2009): dois controles (um para cada mão) com uma esfera colorida (Silva, 2016). O da Nintendo, por sua vez, continha três sensores, uma câmera digital e um microfone e podia ser posicionado em cima ou embaixo da TV. Detectando movimentos, ele tornava opcional ter um controle para jogar (Albuquerque; Fialho, 2010).

Em complemento a isso, a empresa produziu, ainda, um videogame portátil capaz de rodar, sem óculos específico para isso, produções em 3D: o Nintendo 3DS. Posteriormente, anunciou o New 3DS, com *hardware* aprimorado, e o 2DS, com preço mais acessível e, como o nome indica, sem recurso 3D.

Cabe destacar que, nesse mesmo ano, a Zeboo Inc., uma colaboração entre Tectoy e Qualcomm Zeebo, lançou o Zeebo (Silva, 2016).

Embora tenha sido uma empreitada brasileira, não seguiu adiante devido ao preço, à tecnologia de console ser direcionada para dispositivos móveis, aos jogos ruins e à falta de planejamento, que dispersaram quase R$ 100.000.000,00 investidos pela Qualcomm no fracasso.

2.8 8ª geração: inteligência artificial e rede social

A computação em nuvem firmou seu espaço, permitindo aos jogadores salvarem seus jogos em servidores e carregá-los de qualquer máquina (Harris, 2014).

Uma brecha no sistema favoreceu o nascimento, em 2003, da plataforma de distribuição digital de jogos Steam. Revolucionando o sistema de vendas e a publicação de jogos, o sistema obteve um assustador crescimento e, atualmente, conta com mais de 7,5 mil jogos disponíveis e aproximadamente 125 milhões de usuários ativos, favorecendo o mercado de jogos para computadores (Harris, 2014).

A 8ª geração de consoles se deu com o lançamento do Wii U, em novembro de 2012, pela Nintendo. O console tinha como inovação um controle similar a um tablet, que permitia novas possibilidades de interações durante o jogo, como acessar o menu de jogo sem a necessidade de parar de jogar, bem como jogar na TV e no console. O console do Xbox One X, lançado em 2017, lembra um computador compacto, e não um videogame. É maior que o XBOX 360 e traz um pequeno desconforto: não é possível deixá-lo em pé (Harris, 2014).

Já o Kinect apresentava preço baixo e fez sucesso no Brasil em 2011. Ainda, a maioria dos jogos são produzidos em HD e alguns são desenvolvidos com suporte a televisores em 3D. A simulação do karaokê japonês, feita pelo Kinect, também foi muito bem aceito.

Em 2015, 75% dos jogos comprados *on-line* foram baixados utilizando a Steam e seus usuários gastaram, no mesmo ano, US$ 3,5 bilhões, somando 15% da venda global de jogos para computadores (Harris, 2014).

2.9 Oito gerações com Nintendo e Pokémon

A parceria entre a Nintendo e os Pokémons foi um sucesso desde o início. Juntou-se a cara de bom moço do Pikachu e a empresa que sempre representou a família (a Nintendo) para que esse casamento fosse um sucesso e durasse até hoje.

Isso ocorreu desde seu início, lá em 1999, e com seu mais recente sucesso, o Pokémon Go, que foi lançado em 2014 num fliperama no Japão e em 2016 para o mundo e em versões para Android e IOS.

Com mudanças radicais desde a sua concepção, a oitava geração dos Pokémons apresenta uma fase intermediária, da qual fazem parte os jogos Let's Go, Pikachu! e Let's Go, Eevee!, que estão sendo desenvolvidos e aprimorados desde 2018.

2.10 9ª geração: console híbrido e o grande desafio

O Nintendo Switch foi anunciado em 2016 e lançado no primeiro semestre de 2017. A novidade é que era um console de videogame portátil, híbrido, podendo ser jogado em uma TV ou em qualquer outro lugar. Pode, então, ser jogado em qualquer plataforma. Em outras palavras, sua marca de videogame não tem mais importância.

O PS4 Pro tem poder de processamento, capacidade de armazenamento e capacidade de jogar em 4K. Apesar das limitações do jogo para PS4, atualmente é o único console de realidade virtual que suporta PS VR, que finalmente faz uso total do PS Move (um controle com tecnologia de detecção de movimento) – e o PS3 mal percebeu isto.

O PS4 da Sony é o queridinho do mercado. O videogame é o líder de mercado e seus últimos consoles (PS3 e PS2) herdaram o sucesso da empresa. O PS4 possui três modelos para atender aos requisitos dos jogadores mais simples e exigentes.

O Xbox One S acabou com o uso do Kinect (tecnologia de captura de movimento), que fez muito sucesso quando estreou na geração anterior, mas começou a declinar pela baixa disponibilidade e pela baixa qualidade dos jogos compatíveis.

Conforme dados de 2019, mais de 130 bilhões de dólares foram despendidos por cerca de 2 bilhões de jogadores, parcela na qual se inserem os mais de 75 milhões de *gamers* brasileiros, que tornam nosso país um dos expoentes dessa indústria (Saturnino, 2019).

> Este cenário, aquecido por uma ampla cadeia produtiva que ainda é um mundo inexplorado de oportunidades, já conta com mais de 375 desenvolvedoras, 85 empresas e 235 profissionais autônomos responsáveis pela produção de 1.718 jogos nos últimos dois anos, sendo 43% deles desenvolvidos para dispositivos móveis, 24% para computadores, 10% para plataformas de realidade virtual e aumentada e 5% para consoles.

Ao todo, 874 são classificados como jogos educativos e 785 como jogos de entretenimento. Esses dados foram revelados pelo 2° Censo da Indústria Brasileira de Jogos Digitais, realizado pela empresa Homo Ludens (2018). (Saturnino, 2019)

2.11 Plataformas de *social gaming*

Jogos digitais quase sempre nos remetem à diversão e à interação. As redes sociais melhoraram esse conceito, pois, depois de lançarem a diversão *flash game*, ainda permitiram que a interação ocorresse e esses jogos fossem disseminados, agradando assim jogadores de todas as faixas etárias.

Evidenciou-se, porém, que, além de proporcionar divertimento, esse mercado pode explorar a imagem de uma marca e, assim, torná-la uma marca forte nas redes sociais. Alinhar algo que já se oferecia ao público das redes, diversão, a mensagens em comunidades e fóruns ou até mesmo no meio dos jogos.

Os jogos sociais cresceram de uma tal maneira que finalmente passaram a oferecer a leigos, idosos e carentes a chance de interagir, competir e ainda fazer amigos de uma maneira diferente.

Atualmente, podemos fazer muitas coisas utilizando dispositivos conectados à internet. Assim, por meio das plataformas digitais, é possível realizar tarefas do dia a dia, como pagar contas e comprar produtos.

Com o intuito de entender melhor o que é uma plataforma digital, devemos ter em mente que para tudo o que fazemos na internet ou eletronicamente usamos uma plataforma. O conceito básico de plataformas digitais é que elas são uma ponte de negócio que permite conexão entre produtores e consumidores, para que eles se conectem a esse ambiente e interajam entre si, buscando criar algum valor de troca. No caso dos jogos, são plataformas que promovem marcas e negócios além dos jogos.

Em 2005, a Valve lançou sua plataforma Steam, que nada mais era do que uma loja para comercializar os jogos produzidos pela Valve e por outras companhias de jogos, como a Capcom e a Eidos, que passaram a também comercializar seus jogos pela Steam (Harris, 2014).

E pensar que a comunicação entre pessoas e empresas se dava por telefone, correio ou, no máximo, por e-mail! Em menos de 30 anos de existência, era difícil prever a dimensão que as redes sociais, as mensagens virtuais, o comércio eletrônico e o marketing digital e os jogos alcançariam.

Algumas empresas gigantes da atualidade, "como Amazon, Google, Facebook, YouTube e Netflix, têm pouco mais de 10 anos de existência", afirma Rogers (2017), repensando seu negócio para a era digital.

Assim, iniciou-se na indústria dos jogos um movimento de duas mãos: notou-se que lançar jogos em plataformas digitais não gerava muitos custos extras e ainda abria um canal para propaganda, portanto, por que não usar tudo isso junto?

Em tempo, os consoles permitiam que as desenvolvedoras criassem jogos que fossem lançados apenas pela internet e que pudessem ser jogados a partir do disco rígido dos consoles. Assim, o lucro entrava pelos dois lados do negócio.

Então, lentamente, a distribuição digital invadiu o mundo dos games. E tudo começou com a Steam, que gerava cada vez mais lucros e ganhava centenas de usuários a cada dia, além de que mais empresas se interessavam em lançar seus títulos pela plataforma. A Valve se tornou uma das maiores distribuidoras de jogos para computador do mundo.

2.12 Plataformas de interação social: *social game*

Muito além de *sites* de trocas de mensagens e criação de perfis, a ideia das plataformas de interação social, ou *social games*, é viabilizar e promover a comunicação e a interação social utilizando a internet. Essas redes sobrevivem de dinheiro de plataformas de anunciantes, o que expande ainda mais as funcionalidades e as vantagens que o serviço oferece.

2.12.1 Facebook

Essa rede social tem uma nova plataforma dedicada ao *streaming* de jogos e, assim, oficialmente declara concorrência a empresas como Twich (Amazon) e YouTube Gaming (Google).

A plataforma de jogos tem o mesmo visual do Facebook, já colocando força na marca, o que é compreensível. Muito semelhante à rede da Google com a seção dedicada a jogos do YouTube: as duas servem como um local onde ficam agregadas todas as *lives* de games que também podem ser acessadas por métodos tradicionais dentro do *site* ou do *app mobile*, um *software* desenvolvido para *smartphones* e iPads.

Aproveitando a ideia da Valve Steam, o Facebook apresentou também novas iniciativas para ajudar a impulsionar a produção de conteúdo sobre games na plataforma.

Assim como a Valve, a empresa lançou o Level Up Program, uma comunidade dedicada a criadores que estão começando na rede social e que dará a eles subsídios para colocar os seus jogos no mercado.

2.12.2 Twitch

Uma das responsáveis por alavancar os negócios da Amazon, a Twitch é uma plataforma de *streaming* que surgiu em junho de 2011 e era chamada de *Twitch TV*. Sua principal função era a transmissão de jogos de videogame e competições de *e-sports*. O conteúdo pode ser transmitido *on demand* ou ao vivo. Chegou ao auge em 2014, quando foi comprada pela Amazon (Schreier, 2017).

Ela disponibiliza conteúdo de jogos para *web* e em aplicativos grátis para Android. É uma das maiores plataformas de jogos, porém está bloqueada na China desde 2018. Possui um programa de contribuição para jogadores novos que querem lançar seu jogo na plataforma também (Schreier, 2017).

2.12.3 YouTube

O YouTube, por sua vez, está partindo para outros negócios, além da plataforma de vídeos robusta, para continuar na liderança do mercado.

A área Gaming, liberada para todos os usuários, foca nos *gamers* que buscam assistir ou realizar *streaming* de jogatinas ou tutoriais diversos.

O YouTube Gaming foi lançado para concorrer com a Twitch e pode ser acessado via *web* e plataformas para celular, como Android e IOS. Ele permite dicas *on-line* direto da tela do seu computador e o uso de tutoriais, dicas de uso de programas, bem como horas e horas de jogos compartilhados com comentários.

No YouTube Gaming, o modelo de negócio é diferente do Twitch e do Facebook. *Youtubers*, produtoras e *gamers* com seus próprios canais aproveitam as ferramentas de busca e retornam somente conteúdo realmente ligado a jogos eletrônicos (incluindo títulos individuais, produtores de conteúdo, desenvolvedoras e *publishers*).

As vantagens aqui são para os assinantes, que disseminam seu jogo para todo o conteúdo do YouTube Vídeos com privilégios de classificação pelo nome do título.

2.13 Branded social game

O *Branded Social Game* nada mais é do que a plataforma que a publicidade aprendeu a usar. A tradução literal de *Branded Social Game* é "jogos sociais patrocinados". A ideia é que a utilização desses games baseados em redes sociais gere publicidade, pois eles funcionam bem como mais uma ferramenta de divulgação.

Como a função básica da publicidade é atingir o máximo de pessoas para divulgar ideias/marcas/produtos, ela não pode deixar de se atualizar para atingir um maior número de pessoas que precisam conhecer os seus produtos.

Transformar personagens em marcas é um traço peculiar dos jogos que a Nintendo solidificou no mercado, com todas as suas jogadas de marketing. Nessa empreitada, a empresa não perdeu a oportunidade de criar uma mascote que atrelasse a sua imagem à marca.

Nesse sentido, durante os anos 1990, muitas empresas de jogos tentaram marcar sua mascote no imaginário popular, como Mario, Sonic e Pokémon. Muitos jogos com personagens de traços simples e características agradáveis, buscando atingir o público infanto-juvenil, apareceram nessa época. Por quê? Porque os personagens geram uma gama de outras vendas, como bonecos, camisetas e até mesmo filmes, ou seja, o produto expande o mercado.

Redes sociais, como o Facebook, devem muito do seu crescimento aos jogos sociais. Os games já envolvem uma rede de amigos com afinidade por jogos construída dentro das redes sociais, que utiliza o fator competição, muito forte dentro do ser humano, a seu favor. Quanto maior o fator de competitividade, mais rápido esses jogos se espalham, e com eles toda uma gama de propaganda.

2.14 Impacto das plataformas de *social gaming* hoje

Segundo análise da Newzoo (empresa de consultoria e pesquisas referentes a jogos eletrônicos, principalmente no eixo dos esportes), 2018 foi um ano de grande crescimento para o segmento de *e-sports* e dispositivos móveis (Newzoo, 2018b).

Naturalmente, essa tendência de crescimento chegou a 2019 e não parou. Muitos jogos novos, disruptivos e surpreendentes desenvolvimentos em todos os setores de jogos irão despontar no mercado, e este continuará a crescer.

Em 2019, o mercado global de games gerou receitas de pouco menos de 150 bilhões de dólares. As receitas de jogos para dispositivos móveis irão novamente crescer significativamente, impulsionadas principalmente por mercados emergentes como a Índia (Newzoo, 2021).

O termo *e-sports* vem do inglês *eletronic sports* e é traduzido como "esportes eletrônicos", sendo voltado aos jogos de competição profissional (*social games*) (Schreier, 2017).

Uma modalidade, que teve sua possível origem na Coreia do Sul e em alguns pontos da Ásia e da Europa, traz campeonatos de jogos com a participação de profissionais da vida real e utiliza estratégias em tempo real para jogar, dando mais emoção e incrementando o mundo do *social gaming*. O campeonato do jogo FIFA é um exemplo disso (Schreier, 2017).

Os jogos voltados aos esportes, de maneira geral, não se parecem com os esportes tradicionais, por levarem os jogadores aos limites de agilidade e à capacidade de raciocínio numa competição.

A partir dos anos 2000, houve um aumento significativo de popularidade desse segmento e os jogadores profissionais, da vida real, passaram a ser patrocinados por alguma grande marca de games para participar desses eventos e campeonatos ao vivo, com premiações em dinheiro para os concorrentes (Schreier, 2017).

Segundo a Newzoo (2018a), o Brasil se encontra em 13º lugar no mercado de jogos e movimenta cerca de 1,5 bilhão de dólares por ano com o mercado de jogos. Entre os jogadores há muitas mulheres, na sua maioria jogando em computadores, conforme mostra o Gráfico 2.1.

Gráfico 2.1 – **Jogadores por tipo de acesso ao jogo**

Parcela da população que joga online

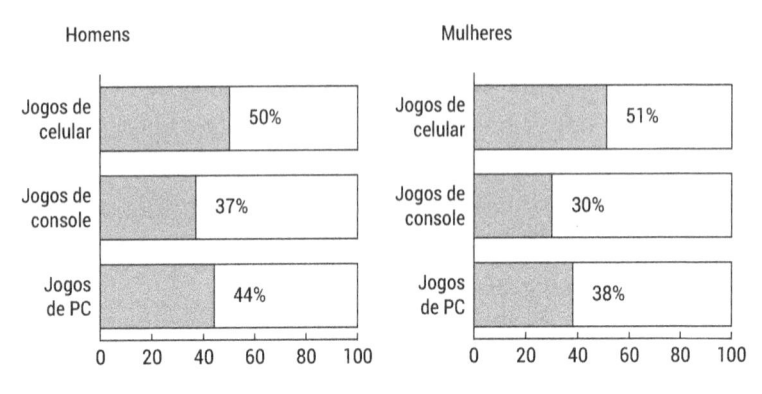

Homens		Mulheres	
Jogos de celular	50%	Jogos de celular	51%
Jogos de console	37%	Jogos de console	30%
Jogos de PC	44%	Jogos de PC	38%

Fonte: Newzoo, 2018a, tradução nossa.

Essa pesquisa se refere ao mercado brasileiro, e os impactos significativos, além do dinheiro que esse mercado movimenta, é a mudança no perfil do jogador, pois mais mulheres estão jogando hoje em dia, e o considerável aumento dos jogos para celular, o que indica que a vida dos consoles físicos está por um fio.

Os jogos atualmente estão em um patamar de mercado em que a economia local tem pouca ou nenhuma influência. É um mercado em franca expansão.

Essa atividade gerou vários benefícios para as pessoas, uma vez que os tipos de jogos ajudam "a treinar agilidade no raciocínio e nos reflexos", segundo estudos em universidades americanas e japonesas (Kenski, Lemos, 2016).

Mas nem tudo são flores. Os jogos digitais, comprovadamente, podem produzir vício em "jogar". Um exemplo disso foi o sul-coreano que passou 50 horas quase ininterruptas jogando no computador e morreu de parada cardíaca minutos depois de finalizar seu jogo em um cybercafé (Yoo-Chul, 2005). Fora isso, há a onda de violência atribuída aos jogos pelo mundo. Então, embora os jogos sejam um mercado em franca expansão, que geram milhões e bilhões, empregos e muitos benefícios, eles (os jogos) mexem com o emocional das pessoas.

De acordo com Nolan Bushnell, um dos criadores mais famosos de jogos, "as pessoas não devem exagerar jogando, duas horas por dia é o máximo suficiente" (Abreu, 2009).

No Game Awards de 2018, o Brasil ganhou um prêmio com um jogo indie de impacto social que se chama Celeste. O *social gaming* deu voz a desenvolvedores anônimos, chamados *indies*, para que cada vez mais façam parte desse grande mercado em expansão.

Quanto aos jogos tradicionais e comerciais, além dos jogos de estratégia, os jogos de luta, tiro em primeira pessoa e futebol são outras categorias que possibilitam esse reconhecimento da modalidade. Temos atualmente entre as categorias mais populares em competições profissionais os seguintes jogos: League of Legends (conhecido como LoL), DotA, StarCraft II e Counter-Strike: Global Offensive.

2.15 Pandemia, educação e história com jogos

Conforme Bello (2017), o fenômeno videogame pode ser examinado historicamente sob duas óticas: o processo que envolve os desenvolvimentos técnicos e interacionais e a inserção dos games na indústria cultural; a construção de representações culturais. Em sua análise, é preciso considerar, ainda, as três matrizes desse artefato: *gameplay* e jogos de tabuleiro; progressos na eletrônica e na tecnologia da informação; e mídias visuais (como cinema).

Nesse sentido, os games criam imaginários determinados por seus contextos históricos de produção, sendo, portanto, "o olhar de um presente específico sobre o passado" (Bello, 2017). É fundamental destrinchar esse contexto – onde o jogo foi produzido, por e para quem, quais inconsistências apresenta em relação aos fatos históricos, o que desses fatos optou por manter ou retirar etc. – e relacioná-lo à estruturação do conteúdo do jogo, analisar "a articulação de uma narrativa, de espaços virtuais e das possibilidades de jogabilidade" (Bello, 2017); só assim é possível compreender o conteúdo ideológico dessas produções.

Assim, jogos focados em simular ou em descrever configuram sentidos e experiências distintos. O mesmo vale para **jogos de *performance*** – nos quais o jogador coordena um ou mais personagens na execução de fases ou tarefas (Red Dead Redemption e seus caubóis no Velho Oeste, por exemplo); tratando a história como "uma coleção de grandes acontecimentos, eventos e personagens" (Bello, 2017) – e **jogos de gerenciamento** – que demandam o controle estratégico de estruturas e sociedades (os da franquia Civilization, por exemplo).

Nessa perspectiva, todos esses games "permitem um novo olhar a espaços históricos, contribuindo para um certo desenvolvimento do imaginário sobre tempos passados" (Bello, 2017). Por isso, para Bello (2017), é primordial estudá-los, porque integram a indústria cultural e porque ainda não se conseguiu precisar o impacto que sua disseminação e sua naturalização de códigos estéticos e comportamentais causam, valorizando certa noção de passado. Além disso, pela sofisticação de suas linguagens, tecnologias e mão de obra, geram "um distanciamento maior entre o consumidor e a compreensão de seu objeto de consumo" (Bello, 2017). É necessário, então, trazer luz a essas práticas.

Curitiba, capital do Estado do Paraná, apresenta uma boa prática na área de educação básica. O professor de História Tiago Rattes, de 37 anos, aplicou uma estratégia inovadora de gamificação para seus alunos do 7º ano em um ambiente socialmente isolado. Ele usou o Google Forms (uma ferramenta gratuita simples fornecida pelo Google) para desenvolver uma atividade de jogo chamada *Conselho dos Reis*. O jogo convida os alunos a se imaginarem no círculo de confiança de um monarca autoritário no início da formação do Estado-nação. A cada nova etapa, eles verão a situação histórica típica daquela época e deverão dar suas próprias opiniões, sempre com base em dois caminhos possíveis.

No jogo, o rei pergunta aos jogadores se em algum momento deveria consolidar seu poder por meio de encanto ou impondo autoridade sobre eles. Nessa parte do jogo, não há certo ou errado e cada resposta levará os alunos a refletir sobre a história. Se os alunos persuadirem o rei a investir em charme, eles serão avisados de que, apesar da importância do charme, os oponentes do rei estão conspirando contra ele nos bastidores porque acham que ele não pode exercer o poder. É possível então, por meio do jogo, discutir as ideias de pensadores como Maquiavel e Hobbes.

Diante do cenário da pandemia de Covid-19, poder explorar os recursos de gamificação em sala de aula à distância favorece o aprendizado de alunos que têm boas habilidades de iniciação digital e estão familiarizados com essa estratégia (EaD e jogos). Porém, mesmo quem não tem familiaridade pode trabalhar com esses jogos, pois eles são muito intuitivos.

É preciso desenvolver habilidades gerais, como o pensamento crítico, criativo e científico entre os alunos, porque a imaginação e o processo de reflexão, em última análise, irão ajudá-los a construir conhecimentos históricos importantes.

Além disso, as capacidades da cultura digital foram bem desenvolvidas no processo, porque o conceito protagonista do uso de ferramentas digitais tem dado uma nova cara para a metodologia de ensino.

Desde a década de 1990, a educação passou por uma transição da prática tradicional para a *on-line*. Em apenas 30 anos, milhões de alunos obtiveram diplomas por meio da educação a distância. Neste momento, pessoas de todas as partes do mundo estão imersas na continuidade do aprendizado por meio do acesso *on-line* a cursos e atividades em uma escala sem precedentes. Antes disso, porém, os professores que mantêm os costumes tradicionais devem dominar a tecnologia digital para "ensinar" remotamente. O momento é propício para esta decisão: a reformulação da sala de aula (Abed, 2011).

O preconceito em relação à qualidade do ensino *on-line* desapareceu. Em 2012, o Departamento de Educação dos Estados Unidos divulgou uma meta-análise que mostrou que o número de escolas que adotam estratégias de aprendizagem *on-line* como um suplemento ao ensino presencial na educação básica, na educação profissional, em academias militares e universidades está aumentando (Thiengo; Bianchetti; Mari, 2018).

No Brasil os resultados da última rodada do Exame Nacional de Desempenho dos Estudantes (Enade) mostram que os alunos formados a distância estão obtendo resultados na cooperação técnica com os colegas do campus do mesmo curso avaliado. *Atividades a distância* e *atividades de ensino a distância* (EaD) não podem ser entendidas como expressões sinônimas. As atividades a distância referem-se às atividades de ensino temporário e eventual via internet, com o objetivo de minimizar o impacto do sistema de ensino presencial original aplicado durante uma crise na aprendizagem dos alunos.

Não é fato novo que o professor se depara com situações que requerem urgência constantemente. Essa demanda por mudança refere-se à necessidade de compreender a dinâmica de um sistema complexo, no qual o professor tem de agir, tomar decisões e fazer encaminhamentos, cujos resultados são marcados por incertezas.

Já quando nos referimos à EaD, é preciso levar em consideração que, por se tratar de uma modalidade específica, possui um modo de funcionamento próprio, com concepção didático-pedagógica própria. Esse sistema é estruturado de forma flexível para abranger os conteúdos, as atividades e todo um design adequado às características das áreas dos conhecimentos gerais e específicos, contemplando todo processo avaliativo discente.

Tendo em vista a situação atual, com o isolamento causado pelo coronavírus, o uso remoto ou o EaD tornaram-se uma escolha imprescindível para garantir a distribuição do conhecimento e possibilitar aos alunos o contato permanente com as instituições de ensino durante este período, evitando necessidades urgentes.

Nessa situação de emergência, a fim de auxiliar as instituições de ensino na transição e na transformação emergencial, uma lista de tecnologias disponíveis é oferecida a professores e alunos. No entanto, é importante ressaltar que a escolha da tecnologia a ser utilizada está sempre relacionada aos objetivos de aprendizagem.

Arthur Palmer/Shutterstock

CAPÍTULO 3

DEFINIÇÃO DE JOGO

Os games nasceram dos jogos e influenciam a humanidade desde sempre, seja por meio de desafios físicos, seja mediante desafios culturais. Os jogos vêm de um desejo humano de evoluir sempre, portanto, o ser humano, como os outros habitantes deste planeta, tem uma força que torna todos parecidos: o movimento.

Todos os seres terrestres se movimentam, em pequena ou larga escala, durante o seu ciclo de vida. O jogo aparece no mundo justamente para tangenciar o movimento. Primeiro, por tocar na necessidade de todos os seres por sobrevivência; segundo, por ser a melhor demonstração dessa predominância no homem. Além disso, o jogo nos ajuda a corrigir falhas e a interagir melhor com nossos semelhantes.

Conforme Caillois (2017), a palavra *jogo* provém do latim *jocus*, cujo significado é "brincadeira", "divertimento". Nesse sentido, jogos compreendem qualquer atividade (monitorada ou não) condicionada por regras e que envolva um ou mais jogadores. Eles permitem a expressão de ideias e fomentam o desenvolvimento mental e físico, isto é, a aquisição e o aprimoramento de diversas habilidades e características. Atualmente, seu teor vai além do lúdico, sendo empregados, por exemplo, na fisioterapia, na psiquiatria e mesmo no âmbito corporativo.

Embora relacionados à arte, aos limites humanos e sua superação, os jogos configuraram um mercado que movimenta bastante dinheiro (Caillois, 2017). O sucesso dos games eletrônicos é tão exorbitante que certas competições lotam estádios. Contudo, em geral, essas produções apresentam sempre, conforme Huizinga (2001), os seguintes aspectos: jogadores (adversários); regras; objetivos; interação; resolução (derrota, empate ou vitória); desafios; e entretenimento.

Muitos autores falam sobre jogos e diversas são as definições dadas ao jogo, mas todas elas abarcam essas características, do jogo mais simples ao mais refinado.

3.1 O homem e os jogos

Vamos aqui abordar os estudos especificamente de um autor: Roger Caillois (1913-1978). Caillois foi um intelectual francês que criou uma importante teoria, a qual envolve o homem e sua relação direta ou indireta com o jogo, e desenvolveu um trabalho a respeito do jogo e do homem em diversos ambientes, como o sagrado, o profano, o mito, o ritual, o entretenimento e o trabalho, a festa e as diferentes culturas.

Caillois não foi um jogador profissional, mas desempenhou vários papéis durante a vida: foi escritor, antropólogo e ensaísta. No seu trabalho de pesquisa sobre a relação entre o homem e o jogo, ele nos mostra uma articulação teórica elaborada e fundada em argumentos científicos, bem estruturada, cheia de sentido e coesão, mas, acima de tudo, inovadora (Caillois, 2017).

Quanto ao sagrado, Caillois retrata toda a parte ritualística das diversas religiões (os santos como heróis, o diabo e os demônios como inimigos) e faz uma excelente comparação entre os mitos e os ritos na sociedade, traçando um paralelo entre as características concernentes ao sagrado, ao profano, ao jogo e ao lúdico.

Mas é na área da saúde que encontramos o seu melhor tratado: a obra *Les Jeux et les hommes*, de 1967. Nela, Caillois se volta para os jogos físicos, criando uma obra excepcional sobre a educação física e os jogos. Essa obra é composta de três partes:

- os jogos e os homens;
- a teoria dos jogos;
- a sociologia dos jogos.

Quando trata sobre "os jogos e os homens", o autor entra no mérito da classificação dos jogos e de seu papel na corrupção que existe a nossa volta. Já na teoria dos jogos, ele fala das regras, dos pontos de concentração e do ambiente de descontração e concentração que, às vezes, chegam ao estado de vertigem, em que a razão se encontra com a sorte e o azar e o jogo funciona como válvula de escape no mundo moderno (Caillois, 2017). Na sociologia dos jogos, Caillois (2017) trata de compilar os dois tópicos anteriores e coloca o ser humano como indivíduo, tratando de sua relação com a sociedade no que se refere à meritocracia de ganhar e perder.

Tratado de maneira usual, o jogo é caracterizado como uma atividade livre, que é realizada em tempo livre e não tem nenhum sentido além de divertir e fazer o tempo passar, mas Caillois (2017) nos alerta que essa definição é completamente equivocada e não define de maneira alguma a versão psicológica que o jogo passa.

Para o autor, dentro de um jogo é possível colocar o indivíduo nu, despido de qualquer pudor, para mostrar quem realmente ele é. O impulso lúdico atravessa o jogo e, a partir daí, a maneira como se joga pode gerar processos de contaminação (como "passar a perna" no adversário, por exemplo) (Caillois, 2017).

Esse tipo de corrupção, segundo o autor, não vem do jogo, mas o jogo a proporciona, pois, obviamente, estimula os instintos pessoais baseados nos quatro impulsos primários que o regem. Para definir esses impulsos, Caillois (2017) criou quatro categorias:

- *Agon* (competição – ganhar por mérito/meritocracia);
- *Ilinx* (vertigem – êxtase ao jogar);
- *Mimicry* (inveja – desejar o alheio);
- *Alea* (sorte – eu não posso fazer nada para mudar o destino).

Essas características mostram os sentimentos que as pessoas têm ao jogar, os quais, dentro do jogo, se externalizam nos indivíduos. No entanto, essas são caraterísticas pessoais, enquanto o jogo é impessoal, pois estabelece regras que devem ser seguidas por todos. Vamos analisar essa questão de maneira bem mais prática, com exemplos de cada uma das características, conforme vemos a seguir:

- *Agon*: Carnaval, teatro, cine, culto a artistas, *quizzes*, jogos culturais.
- *Mimicry*: Alpinismo, esqui, banco imobiliário, caça a tesouros.
- *Ilinx*: Busca da velocidade, corridas, *kart*, aviões.
- *Alea*: Loterias, cassinos, hipódromos, apostas.

Essas características podem ser misturadas e seus resultados podem ser positivos ou negativos. Alguns exemplos positivos são: os jogos comerciais, os testes para empresas e concursos, os jogos de sorte (tarô, búzios, astrologia), assim como as empresas cerimoniais, o contexto da uniformização de pessoas, as profissões que exigem concentração, o estado de êxtase, entre outros.

Quanto a exemplos negativos, podemos citar: a violência, o desejo por ganhar sempre e pelo poder, a inveja pelas conquistas alheias, além do desdobramento de tudo isso, que às vezes chega a culminar no alcoolismo e nas drogas.

3.2 Diversão e jogos desportivos

Já vimos que os jogos são compostos por regras, há aqueles em que há a participação de um único jogador, que libera e testa seus limites com a máquina, e outros em que há equipes de participação e muita interação, além dos jogos em conjunto.

Isso demonstra que os jogos conseguem atingir o que muitas atividades não conseguem: o desenvolvimento de habilidades práticas e psicológicas, que contribui, ao mesmo tempo, para o estímulo mental e físico. E aqui entra o papel educativo dos jogos: o desporto nada mais é que a realização de uma atividade física que segue um conjunto de regras.

A diferença entre o jogo desportivo e os outros jogos é que nele sempre há um componente para se medir forças, promovendo a superação de limites em busca de um resultado.

As atividades que compõem um jogo desportivo são sempre atividades físicas atreladas ao envolvimento emocional com a finalidade desportiva. E o que isso quer dizer? Que o jogo desportivo tem também a função de socializar, além de entreter e educar. Apesar de focar na capacidade física para se obter resultados satisfatórios, o equipamento usado e a força mental são extremamente importantes no jogo, tanto que pedagogos atribuem aos jogos desportivos papel relevante na formação de crianças e jovens, uma vez que estimulam disciplina, interação, inclusão e trabalho em conjunto.

No entanto, quem pratica jogos desportivos atribui essas competências ao entretenimento que os jogos proporcionam tanto para os praticantes como para os espectadores. Os jogos desportivos movimentam dinheiro e também profissões – como o futebol, que paga fortunas aos seus atletas e enche estádios de espectadores pagantes para assistir aos jogos.

Todos os jogos que movimentam milhões são permeados por regras, que abrangem desde o comportamento dos jogadores até a dinâmica aplicada no jogo, envolvendo treinadores, organizadores, vestuário e apresentação. Todos esses requisitos têm pontos para cada categoria nos jogos desportivos, ou seja, quanto mais dinheiro, mais regras.

3.2.1 As Olimpíadas

As Olimpíadas surgiram no século VIII a.C., na Grécia, no coração das cidades gregas, chamado de *Hélade*. Foram criados conjuntos de práticas esportivas que aconteciam na cidade de Olímpia (por isso o nome *Olimpíada*), para onde os cidadãos (espectadores) de Olímpia e de outras cidades enviavam seus participantes para as competições (Colli, 2004).

Os esportes nessa época eram voltados à religiosidade e cada atividade tinha algo a ver com uma divindade grega. A paz que se encontra em uma igreja, por exemplo, era alcançada por meio dos jogos para o povo grego, pois selavam a paz e a harmonia entre as cidades que compunham aquela civilização.

Assim, além dos motivos políticos, considerava-se que as Olimpíadas tinham o poder de promover a harmonia e a integração das cidades e a manutenção da saúde física, psicológica e espiritual. Porém, quando politicamente decretaram o fim da Hélade, as Olimpíadas passaram a ter menor importância, mas, alguns séculos depois, voltaram a ter valor pelo mundo afora.

3.2.2 O caráter educacional das Olimpíadas

Em 1892, Pierre de Frédy, conhecido como Barão de Coubertin, resgatou a relação das Olimpíadas com a civilização. Ele montou um esquema para trazer de volta para o mundo a prática das Olimpíadas, pois achava que a sociedade contemporânea deveria tomar como exemplo a prática de esportes, principalmente as crianças e os adolescentes (Colli, 2004).

Porém, dentro desse contexto, era importante o envolvimento de todos. Frédy entendia que a prática deveria atingir o mundo todo, portanto, era preciso que se criasse uma organização internacional de jogos esportivos que ajudasse a promover a "paz entre as nações". Como as guerras e as rivalidades entre potências já era uma situação conhecida de todos, a paz tinha um preço caro e momentos de união eram raros (Colli, 2004).

No ano de 1894, depois de muito esforço, foi possível organizar um congresso internacional em Paris que reuniu 12 países, no qual havia representantes de sociedades esportivas, universitárias e políticas, que tinham interesse na restauração dos Jogos Olímpicos. Na ocasião, todos concordaram que esta deveria ser uma prática mundial. Muita negociação foi feita e apenas em 1896 foi possível fazer a primeira Olimpíada na nova era (Colli, 2004).

O evento ocorreu na Grécia, em Atenas, pois, de acordo com Pierre de Frédy, nada melhor que resgatar as origens desse espetáculo onde tudo começou (Colli, 2004). A cerimônia seguiu a ritualística do início dos jogos, com o acendimento da pira, e, depois, os vencedores sendo premiados com medalhas. Tudo ocorreu, modernamente, baseado na cultura Antiga. As Olimpíadas são representadas pelo símbolo dos cinco anéis, que significam que as nações da terra têm de andar juntas, como vemos na Figura 3.1.

Figura 3.1 - **O símbolo dos cinco anéis das Olimpíadas**

simpletun/Shutterstock

Os anéis fazem menção aos cinco continentes e suas cores:

- azul – Europa;
- preto – África;
- vermelho – Américas;
- amarelo – Ásia;
- verde – Oceania.

O símbolo representa o espírito olímpico de união, paz, entrelaçamento entre os povos e ética no esporte. A bandeira Olímpica só foi criada em 1913 e foi ao mastro apenas em 1914, em um congresso internacional em Paris, apesar do retorno dos jogos ter acontecido em 1894 (Colli, 2004).

3.3 **Jogos de tabuleiro**

Os jogos de tabuleiro existem há muito tempo. Há registros de jogos já há 5 mil anos antes de Cristo, em civilizações como Mesopotâmia e Egito (Gehlen; Lima, 2013). Eles têm função importante até hoje na vida das pessoas e, principalmente, na educação. Nesta, com o uso dos jogos de tabuleiro, o aluno desenvolve tanto a parte cognitiva como a afetiva, dentro do contexto e da cultura em que existem. Eles trabalham a disciplina, a concentração, a interação e a estratégia.

Os jogos nasceram no Oriente e foram um sucesso em Roma e na Grécia e, com o avanço das civilizações, partiram da Europa para América (Gehlen; Lima, 2013). Embora, na América, os habitantes tivessem seus jogos próprios, a cultura europeia introduziu seus costumes, o que ocorreu também por meio dos jogos. No século XIX, os jogos de tabuleiro atingiram um grande público, em razão da Revolução Industrial e da ascensão da classe média, que não deixara de trabalhar, mas tinha mais tempo para a diversão.

De acordo com Gehlen e Lima (2013), nos anos 1980, o jogo de tabuleiro perdeu a força com o advento dos jogos eletrônicos, uma onda que começou já com os fliperamas nos anos 1960, mas que atingiu o seu ápice nos anos 1980. Nos anos 1980, os modelos híbridos despontaram com os jogos por computadores, que provocavam uma interação muito grande entre seus jogadores.

Os jogos eletrônicos ganharam espaço e destaque no Brasil, mas é importante ressaltar que nossas tribos indígenas já lidavam com outros jogos, os de tabuleiro, encontrados em tribos Manchineri, no Acre, e Guaranis, em São Paulo. Esses eram jogos de estratégia, riscados no chão e que seguiam um padrão de jogos encontrados no mundo todo (Gehlen; Lima, 2013).

Mas os povos nativos americanos também deixaram seu legado nas Américas. Um exemplo disso é que no Brasil os índios conheciam um jogo chamado "O Jogo da Onça", provavelmente de origem inca, também encontrado em uma tribo de Bororos, no Mato Grosso, mesmo que com outro nome (Gehlen; Lima, 2013).

Vemos em jogos de tabuleiro a mesma simplicidade na sua definição como nos jogos em geral, mas com aspectos importantes. De uma maneira bem simplista, jogos precisam apenas de pessoas e regras. Nesse meio-tempo, a interação presencial entre os jogadores coloca limites, como continuar e parar, concentrar-se, elaborar estratégias para a próxima jogada e saber respeitar o tempo do outro e as regras preestabelecidas.

De acordo com Almeida (2009), cada jogo tem um objetivo específico, e quando se fala em *classificação dos jogos*, leva-se isso em consideração. De acordo com Teixeira (1970, citado por Almeida, 2009, p. 6.), podemos dividir os jogos em cinco categorias:

- Jogos sensoriais: ação dos aparelhos do sentido (cheirar, provar, escutar, tocar).
- Jogos psíquicos: exercícios de capacidade mais elevadas (jogar sério, contar o riso, brincar de estátua).
- Jogos motores: é a ação dos músculos e coordenação dos movimentos (engatinhar, saltar, jogo de bola).
- Jogos afetivos: desenvolvimento dos sentimentos estáticos ou experiências desagradáveis (desenho, escultura, música).
- Jogos intelectuais: jogos de dominó, damas, rimas de palavras, charadas, adivinhações, xadrez, entre outros.

Nessa classificação podemos encaixar, então, os jogos de tabuleiro como jogos intelectuais, posto que neles encontramos a presença da sorte e da inteligência, da estratégia e da sagacidade, assim como a mistura dos dois. Entre os muitos jogos de tabuleiros, os mais famosos são os tradicionais, como xadrez, damas, dominó e majong.

3.3.1 Tabuleiro × games

Jogos de tabuleiro, como vimos, são milenares, pois existem desde as mais antigas civilizações (Finkel, 2007, citado por Duarte, 2012). Muitos desses jogos migraram para a sociedade e vivem entre nós até hoje. Alguns exemplos disso são os seguintes jogos: go, gamão, mandalas, damas e xadrez (Duarte, 2012).

Todos esses jogos citados têm uma versão eletrônica. Um bom exemplo disso foi o jogo de xadrez eletrônico, o "Deep Blue, da IBM, que em 1997 venceu o campeão mundial de xadrez, Garry Kasparov" (Duarte, 2012, p. 133).

A indústria dos jogos cresceu, e um dos motivos foi a reprodução dos jogos de tabuleiro em jogos eletrônicos. Os jogos de tabuleiro também foram inspiração para outros jogos de sucesso. Podemos citar, por exemplo, o Monopoly (criado por Charles Darrow e George S. Parker, 1933) e o Risk (criado por Albert Lamorisse e Michael I. Levin, 1959), que se tornaram jogos de grande apelo comercial e foram portados para o meio digital (Duarte, 2012).

Nos anos 1960, com o desenvolvimento dos jogos de guerra, o mercado ocidental ganhou força e espaço no mundo dos jogos e partiram daí para o mundo do entretenimento. Nos anos 1970 e 1980, surgiram os fliperamas e a estética dos tabuleiros permanecia nas máquinas, com os jogos de basquete nos quais as bolinhas tinham que atingir as cestas (Duarte, 2012).

Já nos anos 1990, com a febre da Nintendo, Sony, surgiram os *collectible card games* (jogos de cartas colecionáveis). Uma nova versão que misturava o antigo com o novo e se tornava um grande sucesso comercial (Duarte, 2012).

Em conjunto, esses gêneros de jogos ampliaram consideravelmente a base do mercado de jogos. Começaram no Japão com a Nintendo e foram para Europa e depois para no resto do mundo. Essa ampliação do mercado de jogos foi fundamental para a renovação dos jogos de tabuleiro, que vem ocorrendo nas últimas duas décadas (Duarte, 2012).

Comparado aos jogos eletrônicos, os jogos de tabuleiros se tornaram um mercado pequeno, mas que funciona ainda como inspiração para muitos jogos e voltou a crescer desde 2017 (Duarte, 2012).

O Monopoly e o Risk tiveram versões brasileiras, publicadas com adaptações, respectivamente, Banco Imobiliário e War. Hoje já se encontram as versões originais no mercado brasileiro. As lojas em que é possível jogar jogos de tabuleiro e digitais antigos também aumentaram consideravelmente.

Segundo Amin (2018), no Brasil, os jogos de tabuleiro têm crescido de maneira significativa. Para o autor, o evento Diversão Off-line, que é um dos maiores eventos de jogos de tabuleiro da América Latina, surgiu no Rio em 2015 e reuniu 900 pessoas. No ano seguinte, esse número aumentou e em 2017 triplicou, quando participaram dele 2.900 pessoas que amam *board games* (Amin, 2018). A última edição, em março deste ano, em São Paulo, agrupou cerca de cinco mil pessoas. Os modernos jogos de tabuleiro apresentam, de forma geral, as características listadas a seguir (Duarte, 2012):

- regras simples;
- duração rápida;
- alto grau de interação entre jogadores;
- componentes em boas condições de uso;
- ênfase na estratégia em preferência à sorte;
- temas bem definidos;
- ausência de eliminação de possibilidades;
- amplo apelo de público;
- riqueza de possibilidades;
- mecânicas inovadoras.

Os jogos de tabuleiro abrem agora um novo mercado atrelado ao jogo digital: os jogos de diversão e estratégia.

3.4 Jogos digitais

O jogo digital, chamado também de *jogo eletrônico*, *videojogo* ou *videogame*, utiliza algum componente mecânico ou eletrônico com inovação para ser jogado. A dinâmica do jogo é igual aos de tabuleiro, com a diferença de que é possível interagir apenas com a máquina.

Ele pode ser jogado em consoles (videogames), computadores pessoais, *smartphones*, celulares, *tablets* e arcades (máquinas de fliperama). Os consoles hoje são muito similares a computadores, pois se conectam à internet e têm a opção de compra de jogos *on-line* e de interação com comunidades que jogam o mesmo jogo.

Assim, os jogos digitais estão em alta no mundo todo e são responsáveis por um mercado milionário, que vive em constante evolução. Com certeza, hoje é uma das formas de entretenimento mais populares do mundo. Sua aplicação vai desde o entretenimento, passando pelas empresas, que utilizam jogos sérios, até o mundo educacional, de forma bem prática e eficaz.

Os jogos funcionam como *softwares* programados para atender às expectativas do seu público. Para se produzir um jogo é necessária uma equipe multidisciplinar e muita tecnologia envolvida.

Hoje, um programador não faz tudo sozinho; ele é somente o responsável por escrever as instruções que fazem o jogo rodar. Mas, para que o jogo chegue às instruções do programador, ele precisa de um levantamento de público-alvo, que geralmente é feito por uma equipe de marketing. Analistas de negócio e requisitos trabalharão numa ideia de acordo com o perfil e a expectativa do público para quem esse jogo foi programado, e isso se torna, posteriormente, instruções para o programador, que trabalhará com outros profissionais de desenvolvimento para que esse jogo vire realidade. Após isso, o jogo vai para o mercado e sua evolução de vendas será acompanhada.

Portanto, um jogo digital, hoje, é fruto do trabalho de muitos profissionais e o seu sucesso dependerá de diversos fatores: enredo, música, jogabilidade, compatibilidade com aparelhos etc.

A evolução dos jogos foi tão grande de um século para o outro que, no início, "os jogos eletrônicos eram bastante simples, com gráficos básicos e sem som. William A. Higinbotham criou um dos primeiros videogames, *Tennis for Two* ('tênis para dois'), em 1958" (Britannica Escola, 2021).

Com o advento da internet, as pessoas conseguiram se unir, mesmo de longe, e os jogadores não precisavam mais ocupar o mesmo espaço físico. Hoje, joga-se com pessoas do mundo todo e a língua nem é mais o problema, visto que existem ferramentas de tradução dentro dos jogos.

Uma modalidade de videogame que vem se popularizando no início do século XXI são os jogos de realidade virtual. Neles, óculos especiais criam simulações em 3D, dando ao jogador a sensação de estar em uma situação real.

3.4.1 Realidade virtual

Realidade virtual é inovação, pois nos remete ao futurismo, expressão utilizada no livro *Le Théâtre et son double*, do autor francês Antonin Artaud, em 1938. Portanto, o assunto não é mais tão novo assim (Artaud, 2006).

Artaud (2006, p. 46) utilizou esse termo para sugerir o ilusionismo referente a um teatro em que "a ilusão natural de personagens e objetos criavam uma 'realidade virtual'".

A realidade virtual, então, é puro ilusionismo, uma imitação da realidade. De acordo com Coutinho (2015, citado por Rachevsky, 2018, p. 12), atualmente as maiores pesquisas sobre realidade virtual se referem ao estudo da tecnologia utilizada para proporcionar a sensação de realidade, "por meio de um ambiente virtual criado a partir de um sistema computacional". Para o autor, a realidade virtual, "Ao induzir efeitos visuais, sonoros e até táteis, [...] permite a imersão completa em um ambiente simulado, com ou sem interação do usuário" (Rachevsky, 2018, p. 12).

Conforme Souza (2015, p. 81, citado por Rachevsky, 2018, p. 12), "Realidade Virtual (RV) é uma aplicação computacional pela qual os usuários podem interagir com ambientes virtuais tridimensionais, que reproduzem situações reais ou imaginárias, envolvendo os sentidos como visão, audição e tato".

Realidade virtual, segundo Slater (2014, citado por Rachevsky, 2018, p. 12), é um aparato tecnológico que pode, de maneira prática, "substituir precisamente as entradas sensoriais de uma pessoa e transformar o significado de suas saídas motoras para uma realidade alternativa".

Embora seja algo intangível para a maioria da população mundial, seja pelo preço da tecnologia, seja pelo alcance tecnológico de cada nação, são necessários muitos avanços na área para que se torne algo de uso comum (Sousa, 2012, citado por Rachevsky, 2018). Entre as tecnologias do momento podemos citar as seguintes (Rachevsky, 2018, p. 12):

- HTC Vive (Valve, 2015).
- PlayStation VR (Sony, 2016).
- Gear VR (Samsung, 2015).
- Google Cardboard (Google, 2014).

Esse tipo de tecnologia hoje é comercializado para uso doméstico e a preços de mercado acessíveis.

3.4.2 Presença e imersão

Trabalhar com realidade virtual é focar em imersão. Nesse contexto, é preciso deixar clara a diferença entre *presença* e *imersão*, pois, quando falamos de jogos, esses dois aspectos têm atribuições bem próximas, estão relacionados e são dependentes entre si (Rachevsky, 2018).

De acordo com Slater (2003, citado por Rachevsky, 2018, p. 13), o termo *imersão* deve ser usado "simplesmente para uma tecnologia que oferece um ponto de vista objetivo. Quanto mais um sistema oferece respostas que preservam a fidelidade em relação às suas modalidades sensoriais equivalentes do mundo real, mais que é 'imersivo'". O conceito de presença, segundo Rachevsky (2018, p. 13), "é apresentado em referências acadêmicas de diversas áreas, como robótica, ciência da computação, psicologia, comunicação e arte".

Conforme Lee (2004, citado por Sousa, 2012), "presença é um estado psicológico no qual a virtualidade de uma experiência é despercebida". Portanto, para Slater (2003, citado por Rachevsky, 2018, p. 13), num mesmo sistema imersivo, "diferentes pessoas podem experimentar diferentes níveis de presença, e também diferentes sistemas imersivos podem dar origem ao mesmo nível de presença em diferentes pessoas".

Presença e imersão são, logicamente, coisas distintas, mas estão fortemente relacionadas. De acordo com Meehan (2001, citado por Rachevsky, 2018), ambientes virtuais podem provocar respostas fisiológicas semelhantes às que sentimos em uma situação real parecida.

3.4.3 Influência dos jogos: da educação à violência

Os jogos eletrônicos desenvolvem várias habilidades, segundo pesquisa realizada por Aguilera e Méndiz (2003, citados por Batista; Quintão; Lima, 2008). A estratégia e a concentração alcançadas ao jogar ajudam a pensar em como resolver problemas, simplificar caminhos, organizar elementos, antecipar resultados, melhorar e aperfeiçoar o pensamento lógico (Abragames, 2004, citado por Batista; Quintão; Lima, 2008).

Para Batista, Quintão e Lima (2008, p. 2), a paciência e a observação, quando jogamos, exigem "que o jogador seja capaz de observar os inúmeros objetos que se encontram na tela", pedem paciência para agir em determinadas fases, fazem com que o jogador trace possíveis trajetórias. Todos esses elementos fazem "com que o jogador desenvolva a habilidade de observação" (Aguilera; Méndiz, 2003, citados por Batista; Quintão; Lima, 2008, p. 2).

Os jogos atualmente desenvolvem também uma nova habilidade: a geolocalização, pela qual o jogador guia "o seu personagem, utilizando para isso mapas, plantas e recursos como bússola" (Abragames, 2004, citado por Batista; Quintão; Lima, 2008).

A atividade cognitiva presente em jogos, como os RPGs, desenvolve a habilidade de planejamento de estratégias (Aguilera; Méndiz, 2003, citados por Batista; Quintão; Lima, 2008). "Habilidade motora; desenvolvimento de discernimento visual e atenção seletiva; desenvolvimento de lógica indutiva; desenvolvimento cognitivo em aspectos científicos e técnicos; desenvolvimento de habilidades complexas e indução de descobertas" são também características que podem ser desenvolvidas por quem joga (Pinto; Ferreira, 2005, citados por Batista; Quintão; Lima, 2008).

"Os jogos eletrônicos desenvolvem a curiosidade, a iniciativa e a autoconfiança, proporcionando o desenvolvimento da linguagem, do pensamento e da concentração", além de auxiliarem crianças a desenvolverem "suas habilidades sociais, tais como: respeito, solidariedade, cooperação, obediência, responsabilidade e iniciativa" (Rizzi, 1994, citado por Batista; Quintão; Lima, 2008, p. 2-3).

De acordo com Clunie et al. (1996, citados por Batista; Quintão; Lima, 2008, p. 3):

> Como o mundo é regido por leis que precisam ser conhecidas, o jogo tem a função de treinar o jogador para que ele conviva socialmente neste mundo, simulando situações que ele vivencia, podendo, inclusive, extrapolar o concreto. Um único jogo pode envolver o desenvolvimento de várias habilidades, conceitos, como também ser auxiliar no desenvolvimento de diversas áreas do conhecimento.

Com o crescimento do EaD, e durante a época da pandemia de Covid-19, os professores passaram a utilizar os jogos educativos digitais para dar ao aluno um ambiente de aprendizagem rico e complexo. "Eles são elaborados para entreter os alunos e facilitar a aprendizagem de conceitos, conteúdos e habilidades" que, de modo subliminar ou claro, estão presentes nos jogos, a partir dos quais os alunos podem desenvolver as habilidades necessárias para suas faculdades cívicas e intelectuais (Falkembach; Geller; Silveira, 2006, citados por Batista; Quintão; Lima, 2008).

Os jogos digitais destacam-se pelo fato de serem considerados excelentes ferramentas motivadoras. Eles permitem que os alunos utilizem lógica, raciocínio e habilidades de organização para resolver problemas de uma maneira interessante e estimuladora (Falkembach; Geller; Silveira, 2006). Os jogos, porém, devem prender a atenção do aluno e para isso têm de apresentar (Stahl, 1991, citado por Batista; Quintão; Lima, 2008):

- recursos audiovisuais;
- indução da curiosidade e da fantasia;
- exploração da competitividade;

- instruções e objetivos claros;
- auxílio disponível;
- informe de desempenho;
- propiciação da riqueza e da complexidade na resolução de problemas;
- resolução de conflitos que exijam a aplicação de regras lógicas e o planejamento de estratégias.

The Sims é outro exemplo de jogo que influencia positivamente quem joga. Ele propicia ao usuário o poder simular situações do dia a dia. O único objetivo real do jogo é organizar o tempo de seus cidadãos para que alcancem seus objetivos (Batista; Quintão; Lima, 2008).

No jogo, o jogador se envolve em várias situações em que é necessário ter habilidades sociais, como escolher uma moradia, um emprego, adotar animais de estimação, divertir-se, alimentar-se, entre outras tarefas (citado por Batista; Quintão; Lima, 2008). Isso estimula pessoas, por exemplo, com problemas de socialização ou com problemas de relacionamento.

Conforme citado por Batista, Quintão e Lima (2008), jogos digitais têm sido pauta em tratamentos psiquiátricos de fobias e até em casos de autismo. O tratamento consiste na exposição de pacientes à fonte de seus medos dentro de um ambiente acoplado a um equipamento de realidade virtual, adaptado conforme cada fobia, como no caso de pacientes com fobia de altura ou de algum tipo de inseto. Os custos com esse tratamento também são bem mais baratos e há eficácia comprovada na condução do caminho da cura de cada paciente (Weber, 2004, citado por Batista; Quintão; Lima, 2008).

No entanto, alguns jogos têm causado certos efeitos negativos em alguns jogadores. Quando não são utilizados corretamente, podem se tornar um canal para que o jogador manifeste sua agressividade (Mena, 2003, citado por Batista; Quintão; Lima, 2008).

O uso descontrolado dos jogos pode causar problemas de saúde, tanto físicos quanto emocionais, como em casos em que o jogo se torna um vício como outro qualquer. Jogar demais pode denotar uma compulsão por jogos, podendo mais tarde se transformar em doença, e o prazer em jogar se torna tensão (Mena, 2003, citado por Batista; Quintão; Lima, 2008).

Quando se joga descontroladamente, é possível que os jogadores apresentem sintomas como insônia, baixo rendimento escolar, isolamento do convívio social e do contato humano e falta de paciência para resolver exercícios que necessitem de uma elaboração mental mais complexa. O cansaço físico e mental faz parte desse quadro porque, devido à diminuição ou à falta do sono noturno, a produtividade intelectual é afetada, trazendo dificuldades de memorização, atenção e aprendizado (Mena, 2003, citado por Batista; Quintão; Lima, 2008).

Falar sobre os jogos eletrônicos como uma forma de vício é assunto para muitos estudos, pois, atrelado à compulsão de jogar, como qualquer outro vício, o jogador apresenta outros problemas, geralmente de origem familiar, que denotam esse tipo de comportamento. O assunto é sensível e requer estudo. Alguns médicos dos Estados Unidos relutam em considerar o uso constante de jogos como outras formas de vício, alegando que há a necessidade de estudos mais aprofundados na área para uma correta tipificação. Ainda não há estudos que confirmem que os jogos, isoladamente, consigam colocar os indivíduos em situação de risco. No entanto, casos graves de usuários que ficam horas a fio em frente ao computador, esquecendo-se até de elementos essenciais em uma rotina de vida saudável, têm sido relatados, como o caso de um casal da cidade de Reno, no estado americano de Nevada, que pode passar até 12 anos atrás das grades. Os dois viviam na internet, em uma vida totalmente irreal, e deixavam os filhos em estado de inanição e com outros problemas de saúde. As crianças de 2 anos e 11 meses foram levadas por agentes de segurança e assistentes sociais a um hospital, de onde saíram para um abrigo do estado. "Eles tinham comida, mas simplesmente não a deram às crianças porque estavam muito distraídos jogando videogames" (Moreira, 2007).

Além disso, podem surgir problemas nos olhos, que ficam fixos muito tempo no mesmo lugar sem piscar, como ressecamento de retina, uma vez que o jogador concentrado pisca três vezes menos, fazendo com que os músculos do globo ocular relaxem ou atrofiem devido à diminuição da solicitação de movimentos. Problemas físicos e mentais também podem ocorrer de uma compulsão por jogos. As mensagens subliminares ficam escondidas do foco principal de atenção do usuário, mas são captadas pelo subconsciente. Trata-se de mensagens de marketing para o consumo que podem levar o usuário a memorizar ou expressar valores e sentimentos que, por sua vez, podem ser utilizadas para o marketing de produtos, como a vontade de beber um refrigerante ou de consumir determinado produto etc.

Jogos que envolvem muita violência, quando jogados por pessoas que apresentem alguma psicopatia, podem causar prejuízos. Mas, em todos os casos em que os jogos fizeram parte de um quadro de violência, problemas emocionais, físicos, pessoais e familiares se faziam presentes de maneira ostensiva.

Logo, a relação entre o homem e o jogo é uma relação evolutiva, uma vez que o homem lida com jogos desde os primórdios e estes evoluíram com ele: do tabuleiro para os eletrônicos e para a realidade virtual. Os jogos afetam positiva e negativamente os jogadores, muito embora a influência negativa geralmente está atrelada a jogadores que apresentam uma patologia preexistente.

Desenvolver jogos digitais não é uma tarefa tão simples quanto se pensava inicialmente. Não basta conhecer programação para que um bom jogo seja desenvolvido, pois muitas outras áreas são envolvidas nesse processo, como psicologia, engenharia, comunicação, entre outras.

A área responsável por construir jogos, digitais ou não, é a área de games. Schell (2008) afirma que o game designer precisa ter muitas competências, por exemplo, entender sobre a área da animação, da antropologia, da arquitetura, dos negócios, das comunicações, da redação, de história, da engenharia, entre outras. Só assim jogos com finalidades educativas se transformarão em um desafio ainda maior para esse profissional. A integração lúdica com fins educacionais não é fácil de ser estabelecida sem conhecimento.

Para testar jogos, a indústria escolhe jogadores para pesquisas de mercado, nas quais informações como idade, sexo e grau de instrução são analisadas. Nessas pesquisas, é possível notar que homens e mulheres possuem interesses distintos, os quais variam também conforme a idade. Assim, o game designer geralmente começa o seu trabalho avaliando o seu público e entendendo o segmento que quer atingir com o seu jogo.

De acordo com Schell (2008), os homens preferem jogos que lhes deem uma sensação de domínio, que remetam à competição, mostrem coisas sendo destruídas, tenham quebra-cabeças espaciais e possibilitem tentativas e erros. Já as mulheres gostam dos jogos que tratem as emoções, conectem-se intimamente com o mundo real, despertem o sentimento de proteção, priorizem o aprendizado com exemplos e apresentem diálogos e quebra-cabeças verbais. Então, é primordial para o sucesso de um jogo entender quem é o jogador, e essa é tarefa fundamental de qualquer game designer.

Os pesquisadors Hunicke, Leblanc e Zubek (2004) nos mostram uma taxonomia com as sensações que os jogadores apreciam sentir quando estão jogando. A primeira é a sensação que envolve a utilização dos sentidos – o tato, a audição, a visão, o olfato, ou seja, tudo que é sensorial. Segundo Schell (2008), o prazer sensorial não consegue transformar um jogo ruim em um bom, mas pode torná-lo mais agradável. O prazer de outra vida que não seja a nossa – por exemplo, a vida de um supersoldado ou de um guerreiro ninja – mexe com as nossas emoções e o mundo imaginário do qual estamos fazendo parte. Trata-se de uma sensação que muitos jogos proporcionam ao jogador por meio da simulação de papéis.

Apreciar uma boa narrativa também gera prazer nos jogadores. O desdobramento dramático de uma boa história em um jogo parece causar grande prazer em quem joga, o que também acontece nos livros e nos filmes, nos quais os momentos finais quase sempre são surpreendentes e prendem a atenção das pessoas. Os desafios, quando dosados adequadamente em nosso dia a dia, nos deixam motivados, pois apreciamos resolver problemas quando sentimos que eles são solucionáveis.

Quando percebemos que a dificuldade é superior à nossa capacidade, postergamos ou abandonamos essas atividades. Sentimos também prazer em ajudar ou fazer parte de uma comunidade, pois ninguém gosta de ser só. Essa relação de amizade e de companheirismo entre os jogadores gera um estado de envolvimento entre todos os companheiros de equipe. A descoberta é uma sensação há muito tempo utilizada pelos designers de jogos digitais. A exploração de um mundo novo ou a descoberta de uma estratégia eficaz gera esse sentimento nos jogadores.

Criar e modificar um personagem no jogo para que ele se torne mais parecido com o jogador também tem muito a ver com o prazer gerado pela fantasia e pela representação de papéis. Por fim, o último prazer elencado por Hunicke, Leblanc e Zubek (2004) é a submissão. Submeter-se ao círculo mágico em que só importa sentir o prazer de habitar esse mundo, com seus objetivos e suas regras definidos.

Giuseppe Cammino/Shutterstock

CAPÍTULO 4

NARRATOLOGIA, LUDOLOGIA E ENREDO DO JOGO

Jogos não são feitos só de programação: eles são quase um filme, apresentam trama, música, enredo, raciocínio, aspectos relevantes no que se refere aos games. Assim, a *narratologia* e a *ludologia* fazem parte do mundo dos jogos. É importante, então, conhecer os conceitos dessas palavras tão estranhas.

Narratologia, conforme Silva (2020), é um termo de origem francesa, que designa a observação de "quais elementos as narrativas possuem em comum e quais componentes as diferenciam". Esse termo passou a ser difundido por Umberto Eco em 1980, ano em que lançou *O nome da rosa* (Silva, 2020).

Nesse sentido, a partir de uma análise estruturalista, é possível observar "de maneira isolada cada elemento que compõe os textos narrativos" (Silva, 2020). É possível notar, assim, que o universo narrativo se aproxima do universo humano por meio de regras próprias, tornando possível ler e se imaginar na situação lida de maneira recriada pela linguagem literária (Silva, 2020).

A direção e a amplitude dos estudos narratológicos somam, a cada dia, espaço e conceituação diferentes. A análise do plano causal e cronológico da narrativa por estudiosos mostrou que há a criação de uma gramática própria para o enredo que se vincula à ideia de inteligência artificial, proporcionada pelos jogos e suas fases. Essa análise mostra a narrativa como processo, e não como produto.

Já a *ludologia* é o estudo que abrange tudo que diz respeito a jogos. Não só a jogos digitais e videogames, mas jogos de uma maneira geral. A análise ludológica busca entender os elementos responsáveis por demonstrar os jogos digitais como atrativos para os mais diversos tipos de jogadores e abrir neles o estado mental chamado de *liminaridade*.

A liminaridade diz respeito à consciência do limite – físico, psicológico ou neurológico. Para Goldoni, Rigo e Alves (2014, p. 11), estado de liminaridade, dentro dos jogos, é notado como "o alcance da experiência ideal, na qual o jogador se sente de tal forma engajado na experiência do jogo, que desenvolve uma atenção quase completa no jogo e nas habilidades por ele requeridas" para mudar de fase, por exemplo.

Antigamente, os jogos focavam muito mais em aspectos ludológicos do que na narratologia; esta, na maioria das vezes, funcionava bem apenas como pano de fundo. O jogo de xadrez demonstra essa situação: há um pano de fundo, que é uma guerra em que reinos se digladiam – mas apenas isso. Se o jogo mudasse o tema para Guerras Mundiais, o esquema do jogo seria o mesmo. Quando a narrativa ganha espaços mais interessantes, ela deixa de ser tema e começa a contribuir para ditar gêneros, como o RPG e a aventura.

Os ludologistas estudam os jogos digitais como a razão de o jogo existir; já os narratologistas os estudam sob a ótica do enredo, de como a história do jogo vai ser conduzida, o que não faz com que uma área dispense a outra, muito pelo contrário, ambas são complementares. A verdade é que o mercado de jogos digitais percebeu que a ludologia e a narratologia só são interessantes quando trabalham em conjunto.

Entretanto, é importante dizer que uma só classificação é insuficiente, pois, se tomarmos como exemplo alguns jogos, como o Space Invaders ou qualquer FPS, podemos classificá-los apenas como jogos de guerra? Não há outras particularidades no enredo? Eles são tão iguais assim? Quando a narratologia e a ludologia trabalham em conjunto, esses resultados podem ser diferentes.

Para Santos, Silva e Silva (2011), a ludonarrativa nada mais é que a junção da ludologia e da narratologia, seguindo a norma de que uma deve complementar a outra. Para os autores, seu objetivo principal é ajudar os games designers a montarem uma visão de jogo baseada em uma história mais elaborada, com ramificações, introduzindo esta história no jogo de uma forma que ela não seja apresentada ao jogador de maneira enfadonha e cansativa. Em outras palavras "a ludonarrativa é adequada para ser usada principalmente nos estilos de jogos classificados como RPG (Role Play Game) e ação" (Santos; Silva; Silva, 2011).

Pode-se afirmar também que, quanto à história, os jogos podem ser classificados em hiperlineares convergentes ou divergentes (Santos; Silva; Silva, 2011).

Isso ocorre porque os jogos hiperlineares, segundo Santos, Silva e Silva (2011), têm ramificações em suas histórias, ou seja, não há apenas um final, mas condições que levam a finais convergentes (que apresentam vários percursos dentro do jogo, mas apresentam apenas a um final) e a finais divergentes (que têm também mais de uma opção de percurso e fases durante o jogo, mas que possibilitam mais de um final).

4.1 E o enredo dos jogos?

O enredo é onde tudo começa. É dele que se originam a narrativa e o posicionamento dos personagens, além de dar um sentido moral ao jogo (qualquer que seja o sentido: sentimental, de terror, de raciocínio etc.). O enredo é a vida do jogo. É ele que apresenta personagens, elege o vilão e o protagonista. Mesmo nos jogos mais simples, como o Candy Crush, por exemplo, há um enredo, muito simples e rudimentar, mas existe e é próprio para pessoas que querem coisas rápidas, sem ter de pensar muito. No entanto, para desenvolver um bom enredo, é necessário elaborar pelo menos três abordagens básicas sobre a ideia de jogo que se quer desenvolver:

1. temática ou história;
2. plataforma em que o jogo vai rodar;
3. mecanismos que farão o jogo funcionar.

É óbvio que o enredo vai tratar basicamente da temática. Portanto, vale a pena levar em consideração todo o embasamento histórico por trás da história. Se, por exemplo, fôssemos montar um jogo que representasse a época das Cruzadas, o correto seria estudar a história da época, saber quem ganhou e quem perdeu, e só depois montar o enredo.

4.2 Classificação dos jogos

Não existe um acordo harmonioso quanto à classificação dos jogos. Como já vimos anteriormente, é impossível rotular um jogo como sendo de apenas uma categoria. De modo genérico, as classificações servem para nortear o jogador em relação à melhor maneira de trabalhar com o jogo.

A jogabilidade (evento que determina as regras para se jogar e as facilidades para se atingir o objetivo do jogo), o número de jogadores, o estilo narrativo e lúdico do jogo e o tipo de conectividade (*on-line* ou *off-line*) são os principais elementos na classificação de gêneros.

Jogos digitais têm praticamente 80 anos de existência e, ao longo dela, muitos gêneros e subgêneros surgiram para que inovações de mecânica, linguagem de desenvolvimento, câmeras e jogabilidade pudessem ser generalizadas e títulos novos pudessem ser classificados de acordo com as inovações.

4.3 Principais gêneros

Mesmo sendo uma tarefa difícil classificar um jogo – afinal, inúmeros são os fatores que nos levam a dividi-los em mais de um gênero –, há mais ou menos cem tipos de gêneros de classificação em uma lista criada por jogadores e desenvolvedores. Vamos nos ater a apenas dez, que são considerados as bases para os demais subgêneros, apresentados por Pereira (2021, p. 14):

1. Ação
2. Aventura
3. Luta
4. Corrida
5. *Role-playing*
6. Simulação
7. Estratégia
8. Esportes
9. *Parlor*
10. *Massive Multiplayer Online* (MMO).

Na sequência, veremos mais detalhadamente cada uma dessas classificações, de acordo com Pereira (2021).

Ação

São jogos, de acordo com Pereira (2021), que exigem coordenação múltipla de pelo menos três membros do corpo humano: mãos, olhos e habilidades motoras, para executar boa parcela das ações da narrativa e, com isso, superar desafios, como pular e atirar em inimigos sem morrer. Esses jogos são divididos em alguns subjogos (Pereira, 2021):

- **FPS (*First Person Shooter*)**: São jogos de tiro na perspectiva em primeira pessoa, quando se consegue ter a visão do jogador.
- **TPS (*Third Person Shooter*)**: Mostra a visão acima do ombro do jogador e é considerado um jogo de terceira pessoa.
- *Shoot'em up* (*Shmup*): Jogo em que o personagem é solitário e tem de destruir ondas e grupos grandes que aparecem em tempos definidos.
- **3D *Shmup***: Assemelha-se ao *Shoot'em up*, mas possui três dimensões de espaço.
- *Survival Horror*: São jogos de terror e de sobrevivência cuja narrativa é de horror e há escassez de elementos para denotar fragilidade.
- *Stealth Action*: Traduzido como "ação furtiva", nesse tipo de jogo, o jogador deve se manter escondido e evitar o conflito.
- **Plataforma**: Esses jogos visam à ação, mesmo aqueles criados com lógica mais simples. Há muitos artefatos à disposição dos jogadores, como espadas, armas, capacetes etc. Geralmente apresentam desafios e, algumas vezes, inimigos que o jogador pode matar. São lentos, pois dependem de rede de internet e usam lógica básica, e têm jogabilidade simples.

Aventura

Esse tipo de jogo enfoca a resolução de problemas no decorrer de uma atrativa e tranquila jornada de exploração. Nesse percurso, o jogador acompanha o desenvolvimento da narrativa e interage com outros personagens/jogadores (em alguns casos, NPCs – *non-player characters*, em português, personagens não jogáveis). Conforme Pereira (2021), essa categoria ramifica-se em:

- *Open Word*: Trata-se de "um jogo no qual o mundo é aberto para exploração" (Pereira, 2021). O jogador tem total liberdade para explorar todo o mundo virtual desde o início do jogo, além de lhe ser dada autonomia para escolher quando e como realizar cada objetivo do jogo, qualquer que seja ele. Não existem telas de carregamento ou paredes invisíveis que bloqueiam o avanço do personagem, ou seja, é um ambiente transparente.
- *Point and Click*: São jogos baseados "fortemente no clique do *mouse* para realizar ações e, geralmente, contém [sic] temática de mistério e/ou busca de itens. Tiveram grande fama principalmente na década de 80 e 90, porém, atualmente, vivem em um mercado de nicho" (Pereira, 2021, p. 17-18).
- **Aventura textual**: A ação é transmitida por textos e poucas imagens, em sua maioria, estáticas. "O jogador digita palavras ou abreviações para fornecer comandos ao jogo, e este responde com novos textos" (Pereira, 2021, p. 18). A tecnologia foi criada na década de 1970 e usada principalmente em jogos de computadores, em razão das limitações gráficas.
- *Roguelike*: É baseado no videogame Rogue50 (de onde vem seu nome). Composto por jogos difíceis, que não toleram falhas do jogador. Qualquer falha leva o jogador a morrer e a ter de repetir

o nível por deslizes mínimos. As fases do jogo são curtas ou possuem muitos *checkpoints* (pontos para salvar o progresso) e no final das fases provavelmente o jogador morrerá rápida e violentamente. Em alguns jogos desse modelo, a morte é permanente, ou seja, caso o jogador morra, ele terá de voltar ao início do jogo

Luta
O foco desse tipo de jogo são os combates, "geralmente sem movimentação entre lugares e mapas, com o jogador apenas lutando em uma arena de combate" (Pereira, 2021, p. 18). É considerado um gênero ou subgênero da ação, mas aqui o tratamos de maneira separada.

Corrida
Trata-se de jogos de disputas de velocidade ou batalhas com armas integradas por pistas ou níveis diversos entre veículos. O objetivo principal é alcançar a linha de chegada antes dos inimigos, seja como for. Há ainda obstáculos a serem transpostos antes da linha de chegada. Os jogos de corrida têm os seguintes subgêneros:

- *Kart*: Como o nome diz, é uma corrida com *karts* ou carros de corrida na qual são utilizados "itens que podem servir como aumento de velocidade ou para atacar os oponentes" (Pereira, 2021, p. 19).
- **Futurista:** Corridas e disputas de velocidade em cenários que remetem ao futuro, "normalmente com pistas contendo *loops* e com ângulos que desafiam a gravidade" (Pereira, 2021, p. 19).

- **Arcade:** Jogos em que a lógica e a jogabilidade possuem gráficos mais simples, saindo do realismo e da simulação de carros e direcionando o jogo ao entretenimento gerado pela corrida em si.
- **Simulação:** Como vimos anteriormente, são os jogos com objetivo de treinamento, se for sério, e, em caso de entretenimento, são jogos que simulam o mundo real, em que os carros e as corridas acontecem na "realidade".

Role Playing Game (RPG)

Trata-se de jogos de dramatização, segundo Pereira (2021, p. 20), que apresentam "histórias extremamente bem elaboradas e centenas de personagens únicos e com diferentes graus de relevância para a trama principal". Esse tipo de jogo demanda muitas horas de jogo, podendo chegar a mais de 100 horas de conteúdo. Apresentam as seguintes categorias (Pereira, 2021):

- **RPG oriental:** "A narrativa é centralizada no universo do jogo e em seus habitantes e o jogador, na maioria das vezes, assume o controle de um grupo de heróis, vistos em terceira pessoa" (Pereira, 2021, p. 20). As histórias constantemente apresentam autossacrifícios devido à influência oriental. O jogador é apenas um observador que pode exercer alguma influência na história.
- **RPG Ocidental:** Também apresenta excelentes narrativas, assim como o gênero oriental. No entanto, aqui "o jogador normalmente controla um personagem em primeira pessoa, muitas vezes um avatar que não possui uma única fala durante todo o jogo" (Pereira, 2021, p. 20-21). As aventuras envolvem "luta pela sobrevivência ou acúmulo de poder do avatar para fins egoístas" (Pereira, 2021, p. 21).

- **RPG Estratégico**: Tem foco na mecânica da batalha. Geralmente os personagens se posicionam ao redor de um mapa e devem tomar decisões em relação às vantagens e desvantagens, posicionamentos e estratégias em relação à batalha.
- *Dungeon Crawl*: Significa, literalmente, "rastejar em calabouço", pois nesse tipo de jogo as situações ocorrem geralmente em masmorras e calabouços.

Simulação

São jogos, de acordo com Pereira (2021), que imitam a vida real, ou seja, simulam elementos virtualmente para que se aproximem o máximo possível da realidade. Podemos classificá-los em duas categorias: jogos sérios de simulação e jogos de entretenimento de simulação. Claro que a diferença entre os dois está nos objetivos de cada um.

Enquanto os jogos sérios de simulação têm como objetivo principal o ambiente de treino, nos jogos de entretenimento o objetivo é aumentar a semelhança, para que o divertimento se aproxime o máximo possível do mundo real.

Os jogos de entretenimento de simulação chamam muito mais a atenção que os sérios, pois aumentam muito mais os elementos do jogo para aproximá-lo da realidade. Mesmo que tenham um final anunciado, geralmente ganham continuações para que, apesar de não haver recompensas, o jogador continue a jogar infinitamente. Alguns exemplos de jogos sérios de simulação: simuladores para obter carteira de motorista, simuladores de avião. Alguns simuladores de entretenimento, que geralmente estão categorizados também em RPG, são o SimCity, que simula a construção de uma cidade, e o The Sims, que simula uma sociedade na qual o jogador tem de conviver.

Estratégia

Segundo Pereira (2021), trata-se de jogos em que o jogador deve pensar antes de agir. "Podem vir acompanhados de vários outros gêneros, e costumam fazer mais sucesso entre os jogadores que usam computadores ou consoles portáteis como principal plataforma de jogo" (Pereira, 2021, p. 22). Sua divisão ocorre da seguinte forma (Pereira, 2021):

- *Real Time Strategy* **(RTS)**: São jogos de estratégia em que "a ação acontece em tempo real e não em turnos" (Pereira, 2021, p. 22). Nesse tipo de jogo, "o jogador deve comandar diversas unidades de uma facção com o objetivo de aniquilar a facção inimiga" (Pereira, 2021, p. 22), administrar recursos, construir prédios e exércitos e defender-se de ataques.
- *Tower Defense*: Significa "defesa de torres". Nesse tipo de jogo, é necessário que o jogador impeça os "inimigos de alcançarem um ponto-chave no mapa. Para tal, o jogador deve comprar (com recursos escassos) e posicionar estrategicamente torres, barreiras e armadilhas no mapa" (Pereira, 2021, p. 22).
- **RPG Tático**: Diferentemente do RPG estratégico, nesse tipo de jogo o jogador deve focar "nas táticas de batalha ao invés da estratégia. A diferença é que a estratégia dá-se antes da batalha" (Pereira, 2021, p. 22).

- *Multiplayer Online Battle Arena* (**Moba**): Esse gênero foca a ação em apenas um jogador (herói ou campeão) e "possui diversos recursos que devem ser administrados em tempo real pelos jogadores" (Pereira, 2021, p. 23).

Esportes

São todos os jogos baseados em esportes – embora alguns possam ser considerados jogos de simulação, como o Fifa, o Mario Tenis Open e o NBA (Pereira, 2021).

Parlor

Embora difícil de ser utilizada, essa classificação de gênero tem sua definição originada da expressão em inglês que significa "uma sala para recepcionar visitas" (Pereira, 2021, p. 23).

Temos como exemplos desses gêneros (Pereira (2021):

- jogos educativos – ABC;
- jogos de quebra-cabeça – Tetris e seus derivados;
- jogos de microgames – Game & Wario;
- jogos de música – Guitar Hero;
- jogos de festa – Mario Party.

Massive Multiplayer On-line (**MMO**)

Trata-se de jogos em tempo real, com dezenas, milhares e até milhões de jogadores ao mesmo tempo. Atualmente, existem MMOs para quase todos os gêneros, seja os jogadores ajudando-se mutuamente para cumprir uma missão, seja competindo entre si. A grande maioria se baseia em jogos para celular e plataformas de computador (Pereira, 2021).

4.4 Modalidades de tecnologia de jogos

As modalidades de tecnologia dos jogos, de acordo com Pereira (2021), são as seguintes:

- **2D**: São jogos de luta que ocorrem em ambiente de duas dimensões. Comuns nos fliperamas, têm grande cenário competitivo mundial, em eventos como o Evolution Championship Series 54 (EVO), evento que acontece anualmente.
- **3D**: Ocorrem em ambiente de três dimensões e, se "comparados aos títulos 2D, apresentam animações lentas e ausência de combos (ou combos pré-programados e sem bloqueio)" (Pereira, 2021, p. 19).
- *Beat'em up*: Traduzido como "dê uma surra neles", é um jogo para bater, pensar em um desafeto e bater! O objetivo do jogo é "andar por fases (normalmente corredores 2D) batendo em vilões, enquanto a câmera avança com o jogador, no estilo *side-scroller*" (Pereira, 2021, p. 19).
- *Hack & Slash*: Se no *beat'em up* o objetivo é bater, aqui, como diz o título, o objetivo é retalhar e cortar. A jogabilidade é baseada em combate e voltada ao uso de armas em vez dos punhos, "com um foco maior em história e, muitas vezes, em um ambiente 3D" (Pereira, 2021, p. 19). Tanto pode ser um jogo de ação quanto de aventura.

4.5 Finalidade do jogo

Especialmente com a popularização dos celulares, a presença de videogames e de jogos intensificou-se no dia a dia coletivo, sobretudo no de crianças e adolescentes com acesso à tecnologia. Esse fascínio por tais produções deve-se ao fato de, atualmente, oferecerem gráficos ultrarrealistas, execução em tempo real e por serem *multiplayers*, promovendo a interação constante em um universo único. Pelas características desse universo (em geral, superação de barreiras culturais, especialização ideal para resolução de problemas, estímulo e recompensa etc.), muitos submergem nele e esquecem-se da vida concreta, quase que fugindo das próprias responsabilidades.

Médicos, pais e professores acreditam que essa maneira exagerada de jogar atrapalha o desempenho das pessoas e, assim, fazem perguntas como: "Qual é a medida de tempo saudável para se jogar? Video game causa dependência? Jogos violentos influenciam a personalidade do jogador, inclusive levando-o a cometer atos violentos?" (Qual..., 2013). É preciso atentar para a linha tênue que separa o mundo real do virtual e até que ponto os jogos a afetam.

4.5.1 Por que e para que jogamos?

Antes de qualquer coisa, precisamos definir nosso objetivo quando acessamos um jogo. Cada jogo foi criado com um sentido e, como verificamos nos gêneros, todos eles possuem um ou vários sentidos.

Em alguns jogos (desenvolvidos para públicos variados), experimentamos emoções que não conhecemos no dia a dia. É maravilhoso se sentir como super-herói e viver em um mundo que faça mais sentido para nós do que, às vezes, o mundo real faz.

Por meio de personagens (avatares), muitas pessoas transferem suas vidas para aquele momento. O fato é que, ao mesmo tempo em que as redes sociais nos interligaram, as pessoas estão mais solitárias do que nunca na história.

Os jogos não foram criados com o intuito de causar mal a ninguém. Pelo contrário, eles trouxeram uma evolução enorme, uma grande profissionalização para sua criação. Excesso de violência ou qualquer malefício que aconteça são resultado da cultura de cada país.

Tomamos como base os RPGs ocidentais e orientais. Quanto ao sentido e objetivo, eles são totalmente diferentes, porque são criados de acordo com as culturas ocidentais e orientais. Então, torna-se óbvio que jogos são criados para públicos diferenciados e a influência do seu teor afeta geralmente quem já tem algum distúrbio.

Os aspectos benéficos dos jogos são:

- estimular as funções de atenção, principalmente a visão (Qual..., 2013);
- desenvolver o pensamento lógico e abstrato por meio "da solução de enigmas e a gestão de diversas tarefas ao mesmo tempo" (Qual..., 2013);
- ajudar na educação de crianças e adolescentes com autismo e transtorno do déficit de atenção com hiperatividade (TDHA) (Meehan, 2001);
- oportunizar o ingresso no mercado de trabalho em distintas profissões, já que essa área é bastante ampla e a mais próspera do mundo, crescendo mesmo durante crises (Meehan, 2001).

Portanto, analisando-se os prós e os contras, os jogos apresentam mais benefícios que malefícios. Assim, antes de culpá-los pelos problemas de violência, é preciso tratar a causa desta pela raiz, que geralmente se encontra num problema cultural de determinado povo.

4.6 Programas para criação de jogos

Os programas usados atualmente para a criação de jogos são os *game engines* (em português, "motores de jogos"), que nada mais são que bibliotecas. Eles permitem que desenvolvedores independentes e grandes estúdios criem seus jogos e publiquem de um jeito muito mais prático (Subagio, 2014).

Atualmente, esses programas não requerem amplos e densos conhecimentos de quem programa jogos, já que se apresentam em versão *pocket*, ou seja, reúnem em uma plataforma todas as funções e os elementos necessários a um game. Tudo ficou muito mais fácil, pois não é mais preciso ficar horas a fio para escrever um código fonte, uma vez que os programas já possuem os elementos – uma linguagem própria de desenvolvimento para tornar mais fácil o desenvolvimento do projeto (Subagio, 2014).

Então, "é possível manusear tanto a parte gráfica de um *game* como a parte de *scripts* (programação), inteligência artificial e sistema de colisões, que dão vida aos personagens e objetos do jogo" (Como..., 2021). O programa funciona como caixas de desenvolvimento que, posteriormente, são reunidas e transformadas em um projeto só. Quanto às facilidades para adquirir os programas, qualquer um pode baixá-los da internet e começar a criar um jogo.

Esses programas possuem também base de dados de outros projetos, portanto, é possível utilizar a mesma *game engine* que as grandes empresas usam para lançar seus jogos. Isso facilita, assim, a vida de um desenvolvedor, que pode aproveitar e adaptar uma ideia que deu certo. Entretanto, um desenvolvedor leigo não conseguirá desenvolver nada se não tiver conhecimento de como montar os recursos gráficos e desenvolver a arte e o cenário. É preciso conhecer a lógica do que se quer montar. São programas que rodam praticamente em todos os sistemas operacionais. Vamos citar três exemplos desses programas:

Unreal Engine

A *Unreal Engine* é popular por ter integrado o desenvolvimento de jogos icônicos, como as franquias Bioshock e Batman, e por ser gratuita desde 2015, sendo necessário pagar *royalties* (5% após os primeiros 3 mil dólares por produto e por trimestre) por seu uso apenas no caso de comercialização do game programado (Como..., 2021).

Unity

Essa ferramenta é multi em três aspectos: linguagens de programação (suporta três), plataformas (de *smartphones* a PCs) e sistemas operacionais. É considerada uma das mais completas e foi responsável pela produção de jogos como Subnautica e Cuphead. Seus recursos podem ser mais bem aproveitados obtendo-se a versão profissional do programa por cerca de 75 dólares ao mês ou testando-se a versão gratuita por 30 dias (Como..., 2021).

Construct 2
Por ter sido idealizado para leigos em programação, o design dessa *engine* conta com ferramentas intuitivas e fáceis de usar, para "criação de jogos digitais multiplataforma em 2D baseados em HTML 5 para *smartphones*, tablets, computadores, navegadores e consoles" (Como…, 2021).

4.6.1 O desenvolvimento dos jogos: novas tecnologias

Placas de vídeo de última geração, como as aliadas ao DirectX 11 (coleção de APIS de desenvolvimento de jogos da Microsoft) e Unigine, produzem gráficos que beiram a realidade. Um exemplo disso é o Tessellation, que trata os polígonos da imagem de forma menor, dando assim mais qualidade à imagem, em detalhes como a pele de um rosto ou a qualidade da água de um jogo. Com filtros e padrões antisserrilhamento, as imagens possuem efeito quase real.

Um jogo, além de apresentar história, narrativa e personagens com vários papéis, dispõe de diversos recursos tecnológicos para sobreviver a um mercado tão competitivo. Fora isso, há vários programas disponíveis no mercado que são distribuídos gratuitamente para o desenvolvimento de jogos.

Mesmo com tantos recursos, ainda é necessário que o desenvolvedor conheça linguagens como C e Java para conseguir trabalhar com uma *engine*. Na Figura 4.1, a seguir, vemos como montar um jogo de uma maneira bem básica, a partir dos elementos necessários.

Figura 4.1 – **Elementos do jogo**

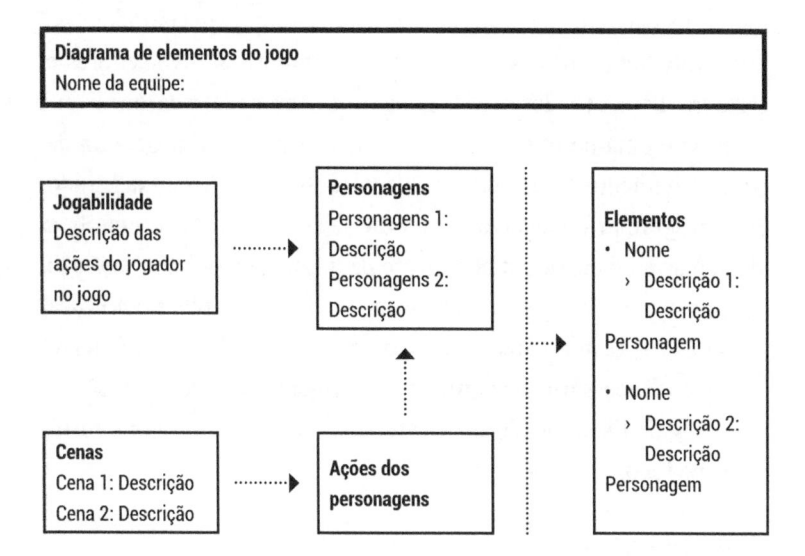

```
┌─────────────────────────────────────┐
│ Diagrama de elementos do jogo       │
│ Nome da equipe:                     │
└─────────────────────────────────────┘
```

Jogabilidade Descrição das ações do jogador no jogo	┄┄▶	Personagens Personagens 1: Descrição Personagens 2: Descrição		Elementos • Nome › Descrição 1: Descrição Personagem
		▲	┄┄▶	
		┊		• Nome › Descrição 2: Descrição Personagem
Cenas Cena 1: Descrição Cena 2: Descrição	┄┄▶	Ações dos personagens		

    Até para o próprio desenvolvimento é necessário que se entenda o contexto e os elementos de que um jogo precisa para poder programar da maneira correta. Portanto, mesmo com o desenvolvimento de toda tecnologia que temos, é possível trabalhar com ela somente se tiver conhecimento básico para poder operá-la. Ainda não inventaram nada que substitua a boa e velha criatividade humana.

4.7 Programação para jogos

    Os jogos digitais fazem parte de um mercado em crescimento, mas, mesmo com tantas facilidades, é possível entrar nesse mercado sem saber programá-lo?

Vamos falar sobre as linguagens de programação mais comumente usadas em jogos digitais recentemente, especialmente no desenvolvimento destes, facilitando a vida dos desenvolvedores e criadores desses produtos. Mas por que devo aprender a desenvolver?

Essa é uma pergunta que deve ser feita porque o programa de desenvolvimento de jogos trouxe "quase tudo pronto". Quase tudo. Para programar e desenvolver, não é necessário apenas uma boa ideia, mas também de conhecimento de linguagens de programação. Para desenvolver jogos, apenas o motor de desenvolvimento (usado no *Unity*, *Game Maker* e outros programas) não é o suficiente. É também necessário ter alguns conhecimentos de programação.

A seguir listamos alguns conteúdos que fornecem bons resultados no jogo.

C # (C-Sharp)

É uma linguagem de programação proprietária e desenvolvida pela Microsoft. Faz parte da plataforma .NET e possui uma sintaxe orientada a objetos baseada em C++. No entanto, sua estrutura, funções e recursos também são afetados por muitas outras linguagens de programação (Chandler, 2012).

Go

Foi criada pelo Google e é a mais recente e provavelmente a menos usada. A ideia de seu criador é substituir o Java (o que é um pouco difícil por enquanto). O Google até certifica programadores que aprendem a usar a linguagem (Chandler, 2012).

Java

Embora esteja em fase de declínio e o número de empregos que exigem seu domínio tenha diminuído, é seguro dizer que Java ainda é muito popular e importante para a indústria e a comunidade de desenvolvedores. Isso porque, por seu fácil aprendizado e pela promoção de programação leve, constitui a base da maior parte dos jogos e de aplicativos para Android (Chandler, 2012).

JavaScript

É o queridinho dos desenvolvedores, sendo usada por 80% dos programadores e em 95% dos *sites*. Isso mostra os recursos poderosos dessa linguagem de programação e, pelo menos, um conhecimento básico dessa linguagem é necessário e pode ser usado tanto no *front end* quanto no *back end* (Chandler, 2012).

Vale ressaltar que o JavaScript é considerado a principal linguagem de programação utilizada com as novas tecnologias, como a inteligência artificial e a Internet das Coisas. Portanto, seu rápido desenvolvimento nos últimos anos não é surpreendente (Chandler, 2012).

Phyton

É outra linguagem popular – provavelmente apenas atrás do JavaScript. É relativamente fácil de aprender e de ver seus resultados na prática. Por essas razões, muitas pessoas a consideram uma tendência na programação.

A área acadêmica utiliza Phyton para o aprendizado. Logo, é provável que a linguagem seja realmente útil para aqueles que estão apenas começando a aprender.

Existem algumas outras linguagens muito importantes, como Ruby e Swift (criadas pela Apple), e todas têm cursos e apostilas *on-line* que valem a pena ser acessados, a maioria gratuitamente.

4.8 Fluxo e diversão

Koster (2005) afirma que a diversão é um fator na solução de todo problema do jogo digital – por exemplo, para alguns jogadores, o objetivo é apenas completar o jogo.

Portanto, o jogo nada mais é do que um exercício de aprendizagem quando combinamos esses conceitos. Fica claro que, seja um jogo de estratégia, seja outro tipo de jogo, os jogadores aprenderão com ele a dar o próximo passo. Se o jogador continuar a aprender coisas novas ao longo do jogo, continuará a se divertir, caso contrário, se sentirá frustrado ou entediado.

A repetição frequente de atividades sem novos desafios torna o jogo enfadonho. Isso porque a diversão não é exclusiva da vida humana. Hipoteticamente, pensemos em filhotes de animais, que podem usar sua força e agilidade para brincar com outros filhotes, para aprender e dominar os movimentos em um ambiente seguro e, depois, usar essas habilidades na vida adulta.

Um bom jogo só se tornará enfadonho depois de concluirmos todas as tarefas que precisamos fazer. Quando o jogador se sente cansado ou desiste antes de tentar qualquer coisa possível, é porque o trabalho do designer do jogo não foi perfeito.

Vamos pensar na teoria da diversão, que, combinada com outros fatores, pode atrair (se benfeita) jogadores para o jogo. Se o jogador tiver mais desafios do que habilidades, isso causará frustração; ao contrário, se as habilidades forem maiores que os desafios, será enfadonho. Existem outros sentimentos possíveis, mas, em termos de jogos, esses dois devem ser evitados, devendo-se produzir diversão e empolgação.

Pensando no estado mental, o psicólogo e pesquisador Mihaly Csíkszentmihályi (1990) afirma que o estado de fluxo criado pelo jogo o fez desejar compreender o que leva uma pessoa a atingir um estado de satisfação e motivação interior. Quando sua teoria foi publicada, na década de 1970, representou uma importante contribuição no campo da psicologia positiva e ainda é considerada uma das principais ferramentas para alcançar a felicidade. Essa pesquisa, porém, estendeu-se até a década de 1990 (tendo iniciado em 1960), na Universidade de Chicago, em razão da busca de Csíkszentmihályi por determinar quais são as condições que promovem o estado de felicidade (Piacentini, 2011).

Para tanto, ele entrevistou *experts* de diversos campos do conhecimento, que, via de regra, demonstram intensa satisfação – que pode converter-se em um misto de prazer, diversidade e felicidade – por estarem imersos frequentemente naquilo de que mais gostam. Posteriormente, os voluntários foram acompanhados por um *pager*, pausando suas tarefas sempre que o aparelho bipasse e registrando seus pensamentos e suas emoções no momento. Envolvendo sujeitos de distintas nacionalidades e interesses, a pesquisa atestou que a "experiência ótima e as condições psicológicas que a tornavam possível pareciam ser as mesmas em todo o mundo" (Csíkszentmihálvy, 1990, citado por Piacentini, 2011, p. 51) e para todos.

Nisso, o referido psicólogo identificou alguns componentes relacionados ao que chama de *fenomenologia hedônica*, quais sejam:

Atividades desafiadoras que exigem habilidade

O prazer é aumentado quando uma atividade requer habilidades específicas para ser concluída (não necessariamente altas), e estas, para serem obtidas e desenvolvidas, demandam esforço individual. Na pesquisa, as ações mais citadas foram ler e categorizar objetos pessoais (Piacentini, 2011).

Clear goals

Os objetivos (de curto ou longo prazo) de uma atividade parecem potencializar a sensação de gozo (Piacentini, 2011).

Resposta direta

Associado ao *clear goals* por ilustrar o progresso alcançado na conclusão de um projeto, esse componente contínuo, mesmo que mecânico e repetitivo, eleva o *flow* (Piacentini, 2011).

Fusão entre ação e existência e perda de autoconsciência

Esses imbricados componentes remetem a atividades às quais o sujeito dedica tamanha atenção que deixa de notar o espaço ao redor e se despersonaliza. É o caso da dança, por exemplo (Piacentini, 2011).

Concentração imediata

Esse componente está atrelado aos dois últimos e concerne ao fato de que, quando compenetrado numa tarefa, o indivíduo percebe limitadamente o espaço e o tempo, focalizando, quanto a essas dimensões, apenas o que diz respeito diretamente à atividade em curso (Piacentini, 2011).

O controle

Esse item concerne à sensação de controlar, precisa e perfeitamente, cada ação (e, por conseguinte, seus desdobramentos/consequências) durante a feitura de uma tarefa. Conforme Piacentini (2011), isso se apresenta mesmo em situações extremas (nas quais, por vezes, não se podem prever e condicionar todas as variáveis), quando um simples erro, uma falha nas habilidades pode ser fatal, como saltar de paraquedas, por exemplo.

O tempo

Esse item refere-se à relatividade da dimensão espacial, que parece se dilatar ou se comprimir em função da experiência vivida (Piacentini, 2011).

Esse aprendizado contínuo produz uma sensação de imersão e diversão, por isso o jogador está absorto em um estado chamado *fluido*, termo cunhado por Csíkszentmihályi. Dessa forma, segundo o psicólogo, se as habilidades e os desafios apresentados pela atividade forem equilibrados, ela será capaz de gerar um fluxo de estado e de fazer as pessoas se divertirem mais sem se sentirem frustradas e entediadas (Piacentini, 2011).

Assim, o jogo prova mais uma vez que vai muito além do entretenimento. É uma porta aberta para vários negócios e para que o futuro mude a cara destes, da educação e, talvez, do mundo.

Ruggiero Scardigno/Shutterstock

CAPÍTULO 5

CAMPEONATOS
E-SPORTS

A trajetória das competições profissionais de *e-sports* – termo que provém do inglês *eletronic sports*, também chamados de *esportes eletrônicos* –, ao contrário do que se possa imaginar, é relativamente antiga, datando de 1970. Para facilitar o exame e a compreensão desse percurso, sintetizamos os principais acontecimentos desse âmbito no Quadro 5.1.

Quadro 5.1 – **Principais acontecimentos relacionados aos *e-sports* (1970 – atualidade)**

1972	• Realização do Intergalatic Spacewar Olympics, primeiro evento coordenado por uma empresa, cuja premiação foi um ano de assinatura da revista *Rolling Stone*.
1980	• A Atari organizou o Space Invaders Championship, que contou com 10 mil participantes e teve Rebecca Heineman como campeã no Atari Mall.
1990	• Com a popularização da internet, foram lançados games que, mesmo hoje, são a marca dos *e-sports*, como Counter-Strike. • Realização do primeiro Campeonato Mundial Nintendo, em Dallas (Estados Unidos). Seus vencedores foram Jeff Hansen, Thor Aackerlund e Robert Whiteman – que precisaram superar os recordes da temporada de Super Mario Bros, Rad Racer e Tetris e que ganharam 10 mil dólares, um Geo Metro conversível, uma TV de 40 polegadas e um troféu do Mario revestido por ouro (maior premiação até então).
2000	• O cenário competitivo adquiriu contornos nítidos na Ásia. Exemplo disso é a China, na qual a carreira de jogador profissional de games é respeitada e, ainda, reconhecida pela Administração Geral de Esportes. • A Coreia do Sul investiu na difusão e na qualidade da internet. • Multiplicaram-se as game houses, os locais em que jogadores de *e-sports* treinam para as competições. • Criação do campeonato World Cyber Games (WCG), com patrocínio de Samsung e Microsoft, disputas de Fifa 2000, por exemplo, e sede em Yongin (Coreia do Sul). • Fundação da Eletronic Sports League (ESL) e da Major League Gaming (MLG), cujos intuitos eram, respectivamente, promover campeonatos e profissionalizar os *e-sports* nos Estados Unidos e no Canadá.

(continua)

(Quadro 5.1 – conclusão)

2011	• A Valve sediou o Campeonato Dota 2, em Cologne (Alemanha), que investiu e ganhou como contrapartida 1 milhão de dólares e premiou seus vencedores com a exorbitante quantia de 1,6 milhão.
2012	• A Riot seguiu o modelo da Valve e, no torneio de League of Legends (LOL) da segunda temporada, ofereceu 2 milhões de dólares.
2017	• O valor da premiação do The International, campeonato mundial de Dota 2, superou o da Libertadores da América e o do Brasileirão – principais competições de futebol na América do Sul e no Brasil, respectivamente.

Fonte: Elaborado com base em Cordeiro, 2018.

Conforme Cordeiro (2018), citando dados da eSports Earnings, os jogos que mais movimentaram dinheiro até 2018 foram:

- Dota 2: 171.012.916,30 de dólares, ao longo de 1.012 torneios;
- Counter-Strike: Global Offensive: 63.806.252,64 de dólares, ao longo de 3.601 torneios;
- League of Legends: 59.015.411,89 ao longo de 2.165 torneios;
- StarCraft II: 28.409.562,42 ao longo de 5.161 torneios;
- Fortnite: 18.724.703,58 ao longo de 125 torneios.

Segundo o *Globo Economia* (2017, citado por Cordeiro, 2018), no Brasil, o mercado de jogos *on-line* em 2017 já movimentava 4,9 bilhões de reais, com previsão para crescimento de 13,4% ao ano até 2020.

Esses dados ilustram o crescimento e a consolidação intensos dessa modalidade, cujos profissionais e organizações agora dispõem de capital suficiente para "sobreviver", aprimorar-se e investir em novos nichos e produções *on-line*.

5.1 Impacto das plataformas de *social gaming* hoje

Segundo a Newzoo (2018, citada por Cordeiro, 2018), 2018 foi um ano de significativo progresso do segmento de jogos *e-sports* e dispositivos móveis.

Naturalmente, essa tendência perdurou em 2019 e não parou. Muitos jogos novos, disruptivos, com desenvolvimentos surpreendentes em todos os setores despontaram no mercado, inclusive para dispositivos móveis – fato esse motivado pela emergência de mercados como o da Índia.

Nesse ano, o mercado global de games gerou receitas de pouco menos de 150 bilhões de dólares. Para 2020, estipulava-se que alcançaria os 152,1 bilhões de dólares (Reuters, 2019). Ademais, havia altas expectativas que uma série de campeonatos de *e-sports* renomados atraísse milhares de atletas e torcedores, o que não se concretizou propriamente devido à pandemia de Covid-19.

A modalidade, que teve sua possível origem na Coreia do Sul e em alguns pontos da Ásia e da Europa, organiza campeonatos de jogos com a participação de profissionais da vida real que utilizam estratégias em tempo real para jogar, dando mais emoção e incrementando o mundo do *social gaming*. O campeonato do jogo Fifa é um exemplo disso.

A partir de 2010, as transmissões na Twitch, famosa plataforma de *streaming*, propagaram ainda mais os *e-sports*. Em 2013, por exemplo, a veiculação do The International no *site* obteve 4,5 milhões de acessos.

Essa década também chama atenção pelo crescimento exponencial do número de espectadores e de jogadores profissionais. Exemplificam isso os campeonatos mundial e brasileiro de LOL em 2014 e 2015, que reuniram, respectivamente, 40 mil e 10 mil participantes (CBeS, 2021).

Segundo a Pesquisa Gamer Brasil (2020), realizada pelo Sioux Group, "independentemente do estilo de jogo, frequência, duração e conhecimento sobre jogos, *softwares* e *hardwares* relacionados" (Propmark, 2019), qualquer um que alegue ter o hábito de consumir jogos digitais é um jogador.

Esse nicho coloca as pessoas em uma grande interligação: você pode ser parente ou amigo do jogador sem nem mesmo saber. Isso ocorre, em parte, em razão dos jogos para *smartphones*, por meio dos quais muitas pessoas ficam *on-line* no mundo, e destas, muitas se tornam *gamers*.

Mas o mundo dos jogos não é um oásis na realidade. Por um lado, se os jogadores sofrem preconceito de estranhos, por outro lado, a desigualdade de gênero ainda persiste na dinâmica social comum.

Embora a participação das mulheres tenha aumentado, as jogadoras ainda têm de enfrentar desafios além do jogo em si, apenas ocupando lugar em um ambiente muito masculino e competindo em pé de igualdade. Somam-se a essa problemática o vício – que pode culminar no suicídio – e os eventuais sentimentos negativos despertados pelos jogos.

Na sequência, focalizaremos jogos que destoam um pouco das grandes produções em termos diversos.

5.2 Os jogos indies

Jogos indies são uma categoria de jogos independentes que cresceu muito nos últimos anos. Eram conhecidos antigamente por abranger produtos de "segunda linha" e jogos de baixo orçamento. Atualmente, são modelo na indústria de jogos e referência também na forma como a relação comercial funciona – o que gerou, até mesmo, a produção de um documentário sobre esse mercado, o filme indie *Game: The Movie*, que apresenta as dificuldades e as vitórias na produção de Super Meat Boy, Fez e Braid.

Com recursos e equipes limitados, as produtoras independentes têm se destacado no mercado. O sucesso foi tão grande que foi criado um nicho de mercado à parte, com jogos que são lançados sem nenhum vínculo comercial, acordo abusivo ou preço muito acima do que o jogo vale, como muitas das vezes ocorre, por monopólio do mercado. Um dos jogos que virou febre nesse mercado e passou a fazer parte de plataformas de *social game* foi o jogo Minecraft.

Esse jogo foi desenvolvido pelo produtor Markus Notch e é interessante porque não apresenta gráficos avançadíssimos, com modelos super-reais e capacidade de jogo acima da média. O jogo com um estilo de arte totalmente retrô, com personagens "quadradões", ainda que seja tudo em 3D, tem princípios de programação e, como um bom jogo de plataforma social, foi melhorado graças às contribuições dos jogadores, conforme observamos na Figura 5.1.

Figura 5.1 – **Minecraft**

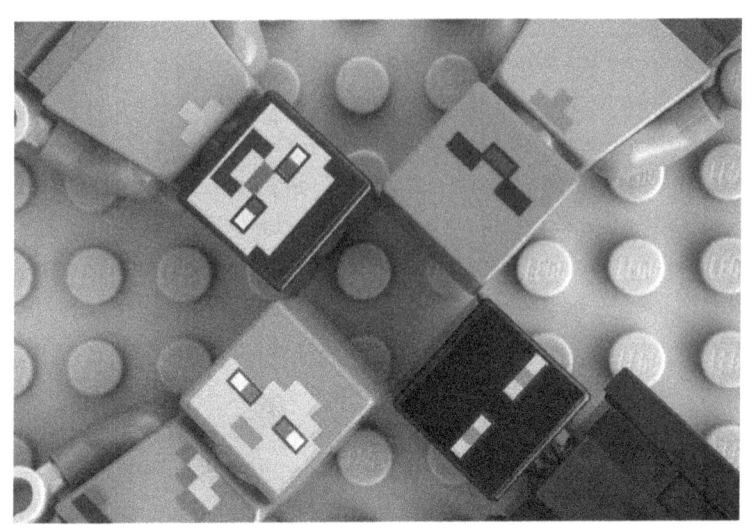

Ekaterina_Minaeva/Shutterstock

A jogabilidade do Minecraft é simples: trata-se de um jogo de mundo aberto, em que o jogador sai por aí coletando elementos para criar objetos para, assim, definir seu próprio rumo nesse mundo e até criar seu próprio mundo. Claro que há ameaças, como os monstros que surgem à noite.

Quando o jogo estava no estágio final de produção, sem diversas funções e com uma jogabilidade bem básica, seu criador resolveu estreá-lo e o colocou no mercado por um preço promocional, resultando em um novo e atraente modelo de negócios e milhões de jogadores satisfeitos. O game assim foi atualizado para a versão final com a ajuda dos jogadores e, com o tempo, tornou-se um sucesso.

5.3 Outros tipos de plataformas digitais sociais

As plataformas digitais são um modelo de negócio *on-line* que permite e estimula a interação entre duas partes (como um sistema e um usuário ou múltiplos grupos de usuários).

Assim, esses ambientes interativos têm uma premissa definida pelo tipo de resultado que pretendem oferecer, como interações sociais, vendas de serviços ou diversas outras funcionalidades.

O modelo cria grupos de interação que, na maioria das vezes, acabam solucionando problemas ou oferecendo serviços em comum.

- **Plataformas de interação social**
  Além de promover a interação social, criam possibilidades de negócios a baixo custo ou custo nenhum para seus anunciantes
  Por meio de perfis criados por usuários, é possível postar e replicar propagandas a custo zero, além de permitir vendas e compras (Facebook, Twitter, Instagram)
  O Linkedin pode ser considerado uma plataforma de interação social, porém atua apenas no campo profissional.
- **Plataformas de busca**
  Absoluto na internet, o Google domina o mercado de buscas, ou seja, é uma plataforma que gera buscas. Do mesmo fornecedor, temos o Google Adwords, que é um buscador de anunciantes.
- **Plataformas de entretenimento**
  São plataformas para nosso divertimento e englobam filmes, *streaming* de jogos, músicas, programas de televisão e rádio não convencionais (Netflix, Spotify, YouTube).

- **Plataforma de** *e-commerce*
  Plataformas de compra e venda, como Mercado Livre, Magazine Luiza, Submarino.
- **Plataformas de armazenamento na nuvem**
  Plataformas que substituíram os *datacenters*, por suas condições favoráveis de armazenamento, segurança e integridade de dados, como Google Drive, One Drive e Dropbox.

5.4 Tendências em *social gaming*

Novidades para o mundo dos jogos vêm por aí e, consequentemente, também para o *social gaming*, pois o mercado dos jogos está em franca expansão. Nesse sentido, precisamos focar vários tópicos que terão boas perspectivas de mercado.

Não podemos deixar de falar dos projetos principais para jogos, que deverão crescer muito daqui para frente. No entanto, é preciso se preparar, pois o mercado dos jogos vem crescendo e com ele o empreendedorismo. Uma ideia boa não faz um jogo de sucesso sozinha; ela precisa de satisfatórios desenvolvimento (programação), jogabilidade, história e lógica. Só assim atrairá as grandes empresas, que poderão investir no projeto de desenvolvimento.

Também, os fabricantes de videogames costumam ser receptivos e interessados em novos projetos de jogos. Afinal, precisam de games para vender mais consoles e mais jogos para PC e celular. A seguir, selecionamos cinco segmentos que terão impacto imediato.

1. **Realidade virtual**: Esse segmento abriu portas para os jogos digitais, pois a tecnologia permite a interação entre o jogador e

um sistema digital que consegue recriar ao máximo o ambiente real do jogador e, óbvio, torna o jogo muito mais interessante. Ainda é uma tecnologia cara, mas o mercado já está tentando barateá-la. Muitos desenvolvedores independentes já estão apostando no setor e criando jogos para realidade virtual.

2. **Games para tecnologia móvel**: Jogos criados para *smartphones* ultrapassaram as expectativas e estão crescendo no mesmo ritmo que os aparelhos. O grande problema no desenvolvimento de games para celular é a tecnologia para cada aparelho e o sistema operacional que é usado nos *smartphones*. Grandes jogos de console, trabalhados em *social gaming*, já migraram para celulares.

3. ***E-sports***: Atualmente, os jogos *on-line multiplayers* representam um mercado em franco crescimento. Dentro das plataformas, os *gamers* encaram seu lado atleta e aliam o prazer de jogar à paixão pessoal.

Campeonatos como Fifa já são transmitidos via vários tipos de mídia e patrocinadores para os times de futebol. Aí existe um enorme nicho de mercado de marketing e publicidade, que movimenta milhões e no qual craques disputam jogos *on-line*. Portanto, quem quer investir e inovar deve pensar em uma ideia que atinja mais de um jogador e permita a criação de ligas e torneios competitivos.

4. **Mercado *geek***: Outro grande nicho de mercado em *social gaming* é o mundo *geek*. O que é *geek*? Trata-se de uma gíria inglesa para definir pessoas peculiares ou excêntricas, fãs de tecnologia, eletrônica, jogos eletrônicos ou de tabuleiro, histórias em quadrinhos, livros, filmes e séries. Esse público consome muito e existem, inclusive, feiras voltadas a eles, como a ComicCon.

Os *geeks* patrocinam jogos e são ativos consumidores em eventos. Eles não se restringem ao mundo dos jogos, interessam-se por produções maiores, que envolvem o mercado cinematográfico, os quadrinhos, os jogos e a tecnologia. Portanto, geralmente com projetos milionários, o mercado de jogos oferece ainda muitas oportunidades, pois os produtos derivados de jogos de sucesso precisam atender o mercado e o consumidor *geek*. E não para por aí: as lojas de produtos personalizados derivados de marcas conhecidas de jogos apostam em quiosques específicos de venda ou até mesmo em lojas multimarcas para essa gama de produtos.

5. **Gamificação**: Jogos para o mundo corporativo, para a área da saúde e até mesmo para o setor educacional estão em alta. Muitas empresas já aderiram a ferramentas multifuncionais que integram relatórios empresariais os quais medem produção e premiam funcionários, numa espécie de jogo corporativo. Trabalhar pode ser divertido. As atividades do dia a dia deixam de ser rotineiras e passam a ser um jogo *on-line* para os funcionários. O mundo educacional já apostou na ideia, principalmente em plataformas de ensino a distância (EaD) e escolas de idiomas.

É mais interessante e agradável para uma turma de alunos aprender por meio de uma solução integrada com jogos do que da forma tradicional. Trata-se de uma nova geração, e o nosso atual modelo de educação não atende mais às expectativas das crianças e dos jovens.

Presume-se que os jogos funcionarão como a Netflix e o Spotify, em que a pessoa paga e tem um acervo a sua disposição. O negócio agora será jogar por *streaming,* e isso já está em andamento. A Eletronic Arts, que é uma das maiores produtoras de games do momento, juntamente com a Netflix, está produzindo um acervo de jogos para disponibilizar em sua plataforma.

O modelo de negócios que trata de compra de jogos apenas deixará de ser o foco principal, dando lugar, assim, à assinatura do portal e acesso à programação de serviços digitais.

Como vimos acontecer com as fitas de vídeo e com a Blockbuster, as plataformas de consoles tendem a diminuir drasticamente. Vimos, também, os jogadores de Xbox One e PC migrarem para esses serviços disponíveis por meio do EA Acess e Origin Acess, em que se tem acesso, mediante o pagamento mensal, aos jogos disponíveis na plataforma, além de desconto especial na compra deles. Ainda não é uma mudança total, porque o *download* e a instalação tradicionais ainda são necessários.

Quanto ao *streaming* de jogos via grandes plataformas como a Netflix e Spotify, há uma proposta tímida da Comcast que possibilita acesso aos jogos via Xfinity Games. Porém, o acesso é problemático, porque, diferentemente dos filmes e seriados, os *streamings* de jogos precisam atuar com o jogador *on-line*, o que causa dificuldades de acesso, razão por que a plataforma ainda não decolou com esse projeto. Trata-se de um problema de infraestrutura que deve ser corrigido para colocar esse novo segmento no mercado.

5.5 Smartphones alternativos criados para jogos

Essa fase de jogos para celulares abriu um novo horizonte para novas marcas de *smartphones*. Com preços mais populares e desenvolvidos para fabricantes que, muitas vezes, estavam à beira da falência, deram um novo fôlego e um novo caminho para suas empresas.

A Xiaomi e a Honor são duas das marcas que apostaram em criar um telefone dedicado ao setor do *gaming* e, assim, marcas antes sem relevância no mercado chamaram a atenção de empresas gigantes e solidificadas, como a Samsung e a Apple.

A Asus, que era conhecida apenas por computadores, decidiu estender a "cobertura" da submarca ROG, dedicada aos jogos, para solidificar sua marca no mercado de *smartphones*.

Esses equipamentos, concebidos com foco em jogabilidade e games, contam com um conjunto de tecnologias que oferecem as melhores experiências do mercado ao jogador, que hoje já pode jogar Fortnite, PUBG e Fifa no celular sem perder nada a nível de imagem, áudio, velocidade e arrefecimento para as grandes marcas.

5.5.1 Tendências esportivas e redes sociais

Na América Latina, os *e-sports* têm caminhado na sombra dos Estados Unidos, onde o crescimento dessa modalidade de jogos está movimentando o mundo digital. Como o jogo de basquete representa os norte-americanos, essa foi a resposta natural para competir com o jogo Fifa, que é sucesso no mundo todo.

Claro que os jogos de futebol americano – como o AAF, que têm uma grande audiência – vão se manter, mas o público daquele país volta seus olhos para os *e-sports* por meio dos campeonatos *on-line* de jogos eletrônicos de basquete, e as novidades que aparecem são os canais *streaming* e a transmissão desses jogos via redes sociais.

Os *e-sports* estão prestes a ganhar o mundo. As três categorias citadas mandarão nos jogos eletrônicos. A previsão é de que esses jogos se tornem eventos mundiais, entrando definitivamente para a indústria do entretenimento, e continuem movimentando bilhões de dólares.

Nesse segmento de jogos, a tendência é investir mais em *cross--plataform*, ou seja, melhorar os jogos que atuam em computadores, celulares e consoles, no sentido de que possa ser jogado por uma pessoa só ou via multiplataformas, para que qualquer jogador tenha a melhor experiência e consiga a melhor jogabilidade, independentemente de onde esteja. A grande barreira ainda é a parte de infraestrutura.

5.6 Publicidade e marketing

Não se pode abordar o *social gaming* sem tratar dos modelos de publicidade e marketing, dentro do que se produzirá em termos de jogos. O que é certo é que esse mercado se move muito rápido e, assim, mudanças ocorrerão; precisamos, então, estar alinhados com as tendências.

5.6.1 A queda dos algoritmos convencionais

Algoritmos tradicionais estão distorcendo nossa visão de mundo. Os usuários da internet estão procurando maneiras de evitar influências, seja por meio de propagandas que colhem seus dados, seja por *fake news*. O fato é que nos tornamos presas fáceis para a manipulação de dados na rede.

A situação começou a mudar quando as pessoas viram o aumento da publicidade e milhares de anúncios diários atrapalhando sua navegação nas redes sociais.

O Facebook cancelou o recurso "tendência" em 2018, que mencionava os tópicos mais discutidos nas redes sociais; em 2019, passou a fazer um levantamento das postagens e criou um canal de denúncias; e em 2020 retirou da rede perfis considerados perigosos ou que influenciam negativamente a rede (Arbulu, 2020).

Na Suíça, dois professores brasileiros criaram um algoritmo que evita a fragmentação extrema do conteúdo, forçando-o a ser promovido como a visão oposta dos internautas e libertando os usuários da manipulação. Os riscos de privacidade e a entrada em vigor do GDPR (Regulamentos Gerais de Proteção de Dados da União Europeia – UE) proporcionam um bom ambiente para essa situação. O Google passou a publicar anúncios sem personalização e, em 2020, passou a vigorar no Brasil a LGPD ("Lei de Proteção de Dados") (Wachowicz, 2020).

O Twitter ativou uma opção em suas configurações para desativar o algoritmo da rede social e restaurar a programação de *tweets*. Essa rede social, também em 2020, cancelou perfis considerados nocivos à rede. A nova tendência das funções pagas das redes sociais será não ser algorítmica (Twitter…, 2020).

5.6.2 Um novo modelo de publicidade

A revisão de modelos de negócios com base em anúncios e foco em dados coletados de usuários é uma nova tendência. Depois que casos de sucesso como o Facebook começaram a orientar o conteúdo com base nos dados, a tendência atual é focar na ciência de dados.

Os vários formatos são importantes e devem, eventualmente, começar a monetizar e, gradualmente, reequilibrar o faturamento do gigante das mídias sociais. Essa mudança já teve início: foi criada uma versão sem anúncios e acessível por assinatura (Spotify e Deezer conseguiram implementar esse tipo de serviço). O Twitter está tentando criar uma assinatura mensal para fornecer serviços, e o LinkedIn oferece aos usuários uma gama mais ampla de serviços ao assinar o pacote pago.

Depois de investir na plataforma de jogos, o Facebook fez planos na área de *hardware*: a plataforma anunciou recentemente seu projeto *smartspeakers* (portal e portal+) e pretende lançar um decodificador de vídeo *chat*/TV híbrido.

5.7 O *social commerce*

O conceito de plataforma social tem mudado e, atualmente, expande seus horizontes para todos os lugares, a fim de mobilizar os serviços de compra. O Instagram, por exemplo, lançou o Instagram Shopping, um novo recurso que permite que os produtos identificados em sua plataforma sejam comprados por lá mesmo – uma rede social de fotos que permite compras em um clique.

O Pinterest já bate a casa de 87% de usuários que fazem compras como resultado do conteúdo encontrado na plataforma (Cano, 2015). Na China, o S-commerce melhorou e aperfeiçoou seus conceitos e passou a permitir a interação de interesses nas comunidades, colocando, assim, a opinião dos compradores como papel decisivo no ato de comprar.

No Pinduoduo, os usuários identificam vendas *on-line* e fazem propaganda gratuita para seus amigos, nas quais descontos são aplicados para se comprar os produtos a um preço reduzido. Funciona como uma grande ação entre amigos, resgatando conceitos dos bingos ou discussões entre conhecidos, gerando interação social real no ato da compra.

5.8 Parcerias estratégicas

Aquisições estão em baixa. Parcerias estão em alta e em áreas muito diferentes. Afinal, é melhor agregar e todo mundo ganhar do que todo mundo perder. Uma das mais formidáveis parcerias do ano é o Data Transfer Project, um projeto de transferência de dados de código aberto que foi lançado por Google, Microsoft, Twitter e Facebook, em 2018, e que agrega dados de todas as plataformas (DTP, 2021).

A tendência é que as parcerias cresçam e acelerem o progresso tecnológico, fazendo com que os gigantes da mídia social invistam em novos negócios e em novos setores, como saúde, educação, bancos, entre outros.

5.8.1 Plataformas dedicadas

A competição nas redes sociais está aumentando a cada ano e todo mundo quer mais espaço, oferecer coisas melhores e até alcançar o sucesso imediato. O conceito de rede social como plataforma que, no âmbito publicitário, pode atuar como fortalecimento da marca evoluiu.

Já no *e-commerce* há uma tendência de mobilização da comunidade com o mesmo objetivo. Um exemplo disso é o "Reclame aqui", *site* que se tornou uma instituição oficial e se configurou como uma rede social para consumidores.

Nas redes sociais estrangeiras HowTank e Toky Woky, os usuários podem conversar com outros consumidores, participar de discussões e de uma plataforma para continuar se comunicando com outras pessoas que gostam da mesma marca.

Marcas que ainda não entendem as novas tendências precisam reinvestir em suas próprias mídias e reduzir sua dependência da maneira tradicional de se usar publicidade e marketing.

O conceito de negócio também mudou, e as redes sociais só o tornam mais claro. A comunidade é uma parte fundamental da estratégia de marketing *on-line* de uma marca, razão por que esta não pode ser limitada às plataformas sociais.

Os consumidores acreditam que fazem parte da plataforma social e desejam participar da comunidade criada pela marca. Para os consumidores, a necessidade de ingressar na comunidade é particularmente forte, em razão da interação entre consumidor, produtos e marcas.

5.8.2 **Os formatos híbridos**

Os formatos híbridos ganharam destaque, como as histórias no Instagram. No entanto, esse formato continuará a evoluir e terá como foco o áudio, o qual também continuará a crescer.

Podcasts de música, novas opções de música em vídeos, vários efeitos sonoros: a experiência de áudio completa o arsenal de histórias. Diversidade, mistura e criatividade – essa é uma nova forma de colocar conteúdos mais interessantes nas redes sociais.

5.8.3 Os chineses

A China mais uma vez apresentou lições importantes para as marcas ocidentais. O Master Kong (do ramo alimentar) interagiu com o seu anúncio no iQiyi (China Netflix): ao ver o anúncio, o utilizador foi recompensado com três emojis (Mingfu, 2015).

Os consumidores receberam um cupom de desconto de 12%, que poderia ser utilizado na linha de massas da empresa e era validado por QR-*code*. A validação do cupom era feita *on-line* (o QR-*code* aparece na tela da televisão, é validado por aplicativo em celular) e a transmissão do *site* ocorria pela televisão (Mingfu, 2015).

Todo esse movimento, a ansiedade pelo sorteio e a interatividade chamaram a atenção do público, incentivando-o a usar o emoji personalizado da marca em plataformas de mídia social e, assim, orientar o tráfego em direção a lojas *on-line* para promover vendas.

Portanto, os canais de distribuição de conteúdo que visam aumentar o conhecimento da marca podem se tornar um importante meio de interação e comunicação com os consumidores e uma parte relevante do marketing, com o objetivo de criar interações exclusivas em diferentes dimensões em torno da experiência do fortalecimento do nome da empresa. A intenção é atrair consumidores-alvo para entrar e desfrutar de uma experiência sensorial abrangente

Imitar a abordagem chinesa permite-nos ver que foram estabelecidas parcerias entre diferentes métodos de comunicação, dando espaço para o marketing social desempenhar um papel importante na ligação entre o mundo digital e as várias experiências no mundo "real".

5.8.4 Os influenciadores

Os consumidores estão procurando cada vez mais colegas, amigos e usuários que tenham os mesmos gostos para se unirem e formarem comunidades que têm como intuito indicações pré--consumo e reclamações que possam gerar melhorias sobre os mesmos produtos.

Com o aumento dos *ad-blockers* e os escândalos relativos a grandes marcas e investidores, uma tendência foi instalada no mercado: conferir antes de comprar.

As marcas, por sua vez, passaram a investir em influenciadores para aumentar sua visibilidade e vendas, e isso foi tratado como um canal qualquer dentro da empresa, não como um canal que iria cuidar de relações humanas. Além disso, a venda da influência nas plataformas tirou a credibilidade das empresas e acabou com a reputação de algumas organizações nas redes sociais. Portanto, o conceito de influenciadores passou a valer no sentido de que a opinião de um influenciador é válida apenas quando agregada a outras opiniões.

5.8.5 Parcerias e tendências

O mercado de jogos continua crescendo e a polêmica sobre esse campo nunca foi tão grande. Todos os dias surgem novos serviços de assinatura e aumenta o número de produtos de jogos na computação em nuvem. O ano de 2020 definiu a próxima década do setor.

Diante dessa situação, a consultoria Newzoo compilou uma lista com quatro tendências que o setor iria fortalecer no ano de 2020. Segundo a previsão de Newzoo, até 2020 o mercado global de jogos geraria mais de 160 bilhões de dólares em receitas, mantendo uma taxa de crescimento anual de 7,3% (Newzoo, 2021).

A consultoria previa que os consoles de jogos de próxima geração da Sony e da Microsoft lançados até o fim de 2020 impulsionariam esse desenvolvimento. As vendas de jogos para dispositivos móveis também cresceriam ainda mais: a previsão é de alta de 11,6% (Newzoo, 2021).

Mas, contradizendo anos anteriores, quando o crescimento da indústria foi impulsionado por mercados como China, Estados Unidos, Japão e Europa, os mercados emergentes (como Oriente Médio, Norte da África e Sudeste Asiático) devem ser responsáveis pelo bom desempenho da indústria de jogos nesse ano (Newzoo, 2021).

Como já afirmamos, o mercado de jogos digitais é um negócio em crescimento. Aliado às plataformas digitais, alavanca o mercado mundial, monetizando e movimentando milhões, criando empregos, mudando vários outros setores, como educação, saúde e mundo corporativo.

O Brasil está em um lugar de destaque no mercado de jogos. A área de programação e desenvolvimento de games tem agregado e movimentado muito o setor dentro da economia nacional, na qual várias frentes de emprego e negócios vêm em decadência. Na contramão, os jogos, o *social gaming*, têm feito toda a diferença nacionalmente e com oportunidades ousadas para o futuro.

Os jogos para celular e *smartphone* são a bola da vez. Muitos dos grandes jogos da indústria dos games já entenderam isso e migraram seus jogos multiplataformas para o celular, como o Fortnite.

Outra grande aposta são os jogos para plataformas diferenciadas, que agregam o público dos celulares, dos consoles e dos computadores, e um modelo a ser aprimorado para o futuro. Apesar das barreiras de infraestrutura, isso já deu um passo inicial.

Os jogos esportivos também têm destaque entre os consumidores de campeonatos agora de futebol americano, basquete e poker e devem enriquecer esse nicho de mercado importantíssimo para o *social gaming*.

O marketing aproveitado em jogos e em rede social se popularizou pelos custos, que ficaram menores. Em vez de gastar fortunas em minutos televisivos, micro e pequenas empresas podem compartilhar espaço com grandes empresas.

Se tudo muda, o marketing e a publicidade também mudam, e novos negócios, produtos e investidores entram no mercado, como os chineses. As inovações nos negócios, como a avaliação das comunidades sobre produtos, e a Xiaomi, que vem inovando o mercado com a criação de *smartphones* desenvolvidos para jogos, são exemplos da atuação chinesa no mercado.

A nova ordem em *social gaming* daqui por diante será agregar e crescer, atingindo outros ramos de negócio.

5.9 Os jogos ensinando o marketing

Conforme Slefo (2020), um dos fenômenos que profissionais do setor de marketing devem observar é a transição dos videogames de nicho de mercado para rede social da geração Z. Exemplo disso é o jogo Crucible, da Amazon, que foi promovido na Twitch por *streamers* como KillyKAPOWsk e EvilToaster, os quais exibiram um *trailer* dele no pré-lançamento. Em outras palavras, o game não dispõe de anúncios tradicionais.

Da mesma maneira, Apex Legends, publicado pela Eletronic Arts, concentrou sua divulgação na Twitch e, nessa plataforma, superou o sucesso Fortnite em números de seguidores, obtendo, por conseguinte, mais de 70 milhões de novos *players*. Fortnite, da Epic Games, por sua vez, para além do *streaming*, investiu em parcerias com marcas – como Nike e Adidas – e artistas (Slefo, 2020). Uma das promoções de maior destaque e inovação de Fortnite foi o primeiro *show* virtual realizado dentro do universo de um jogo: o do DJ Marshmello, de que participaram mais de 10 milhões de jogadores (Almeida, 2019). Além dele, também no Fortnite, houve o do *rapper* Travis Scott, que contou com a participação de quase 30 milhões de jogadores únicos (Povoleri, 2020).

Enfocando novamente a Twitch, como outros serviços similares, teve aumento de público durante a pandemia de Covid-19. Conforme Slefo (2020), citando dados da Streamlabs, foram mais de 3 bilhões de horas de conteúdo visualizado pelos usuários só no primeiro trimestre de 2020. Esses dados permitem concluir que, estabelecendo um diálogo entre jogadores e desenvolvedores, a plataforma converteu-se na ferramenta eficaz e ideal para atrair novos jogadores.

Além de beneficiar os próprios jogos, o uso dos *advergames* também reforça e auxilia marcas, como o caso do Taco Bell e Kellogg's quando atrelados a jogos de esportes e estratégicos.

5.9.1 Fortnite e a oportunidade de propaganda

A versão atual do Fortnite foi lançada em setembro de 2017 e tem mais de 250 milhões de jogadores. Alcançar essa proporção em um período tão curto de tempo provou seu poderoso conteúdo viral (Menezes, 2020).

Parece um jogo trivial, mas, observando sua interação com o público, percebemos que é muito mais útil. Encontramos uma situação em que a barreira entre o entretenimento eletrônico e as redes sociais foi quebrada.

E como pensar nesse jogo como uma rede social? Comparando com as visitas diárias, o jogo segue de perto Facebook e Instagram, com aproximadamente 60% a 75% dos usuários utilizando a internet pelo menos uma vez por dia, respectivamente (Bozza, 2016).

Além disso, o ambiente digital imersivo para a criação e a personalização de personagens e a interação entre os usuários é um ponto importante a ser enfatizado. Nesse caso, a marca sempre teve boa oportunidade de cooperação, e o horário de exibição do Fortnite para atrair espectadores gerou concorrência com outras plataformas e chamou a atenção do público (Bozza, 2016).

Até mesmo gigantes do entretenimento, como Netflix, são consideradas as maiores concorrentes. "Nós ganhamos através de tempo de tela do consumidor, tanto mobile quanto televisão, e temos uma grande variedade de competidores", afirmou a Netflix (citada por GameHall, 2019).

Afirma-se que as pessoas que jogam com Fortnite excedem muito a competição com telespectadores da HBO. A empresa também anunciou que tem aproximadamente 139 milhões de usuários, tempo de tela maximizado e jogos para serem acessados (GameHall, 2019). Por exemplo, é possível iniciar em um computador ou algo assim e, em seguida, continuar em outro dispositivo móvel ou console. Devido a sua alta portabilidade, o *player* permanece na plataforma por mais tempo.

Fortnite é considerado um caso de sucesso na área de marketing e realizou várias campanhas famosas. O jogo ainda fez parceria com Nike, Marvel, Wendy e NFL, empresas que trouxeram benefícios para ambas as partes. Somam-se a isso os *shows* virtuais citados há pouco.

Fugir da mídia social tradicional e criar campanhas interativas é uma estratégia inteligente. A chance de gerar mídia espontânea e disseminar o vírus é ainda maior. A mídia espontânea pode aumentar a influência e a participação, o que atualmente é essencial para campanhas de sucesso. O potencial de marketing em games é imensurável e a plataforma representa a capacidade do público de escapar do ambiente convencional. Os jogadores podem interagir com a marca sem problemas no jogo e lembrar dessa experiência ao usar fora da tela.

Com a ajuda da tecnologia, o entretenimento está alterando cada vez mais as interações sociais. Uma boa campanha publicitária deve ser sempre organizada e planejada para um público interessado. Entender novas tendências e o seu público é essencial para o sucesso da marca.

5.10 Game marketing

Com a propagação dos jogos em múltiplas plataformas, seu público tornou-se mais amplo e diversificado. Por essa razão, diante de um mercado altamente competitivo, no qual se buscam atrair e fidelizar cada vez mais consumidores – com estratégias de curto prazo, como os eficientes *links* patrocinados, e de longo prazo; conferindo-se relevância e autoridade às marcas/itens –, os jogos converteram-se em ferramentas para divulgar e popularizar empresas, produtos e serviços, à semelhança do que já é feito em filmes, eventos e mesmo nos uniformes de times esportivos. Assim, o uso com fins propagandísticos dessas produções configurou a prática chamada de game marketing (Camargo, 2019).

Se ouvir histórias já fascina, imagine, leitor, mergulhar naquelas construídas nos ambientes virtuais dos games, decidindo sua direção e interagindo com objetos, criaturas e pessoas? Essa maior interatividade é um diferencial dos jogos – que possibilita reiterar e espalhar ideias, tornando-os um canal de comunicação – e motiva a grande repercussão do game marketing entre empresas (Degering, 2019).

Nesse contexto, em vez de apenas assistir a uma propaganda de 30 segundos, o consumidor pode, dentro do jogo, ter contato com o produto de uma marca ou com sua mascote, investindo nisso bastante e intensa atenção. Para isso, porém, o anunciante deve buscar atrelar, coerentemente, a marca à narrativa e à dinâmica do jogo (Degering, 2019).

Esses *advergames* podem ser concebidos para adaptar-se aos conceitos do produto ou, por outro lado, serem menos evidentes, como *outdoors* em partes dos jogos. Soma-se a isso o fato de que o jogo pode ser desenvolvido totalmente em função do produto/marca e aberto ao público em diversos canais, como o *site* da desenvolvedora, redes sociais e páginas de *streamers* (Degering, 2019).

Ademais, de acordo com Camargo (2019), o game marketing tem a vantagem de oferecer múltiplas possibilidades de divulgação e de direcionamento para segmentos de público específicos. Quer dizer, por meio de patrocínios, publicidade e ações em ambientes virtuais – envolvendo jogos próprios, convencionais e naturalmente integrados – o marketing de jogos direciona conteúdos a determinados públicos consumidores. Dessa maneira, amplifica vendas ou consolida positivamente a imagem das marcas.

Como exemplos disso, temos a Nokia e a Axe. No que concerne ao jogo Tom Clancy's Splinter Cell: Chaos Theory, a primeira submergiu no mundo dos jogos por meio de uma plataforma (o N-Gage, um misto entre *smartphone* e console portátil) capaz de "rodar" esse e outros; a segunda, por sua vez, devido ao público-alvo da referida produção compreender homens entre 18 e 34 anos, promoveu seu novo desodorante masculino (Camargo, 2019). Portanto, com a estratégia certa, pode-se usar o ambiente popular de hoje para promover uma marca/item de maneira precisa e eficiente.

Nesse sentido, é estabelecida uma via de mão dupla: quem já é cliente de uma empresa é convidado a jogar; e quem já é jogador (no caso de o jogo não ter sido elaborado exclusivamente devido ao item/produto) é chamado a consumir o produto/serviço do anunciante no game.

No que se refere ao game fazendo propaganda de si mesmo, a questão mais relevante é que ele se espalhe o mais rápido possível. Na maioria dos casos, quando se trata de jogos para *smartphones*, a melhor maneira é iniciar um jogo grátis, que contém itens pagos. Porém, em termos simples, o marketing digital na área dos jogos é uma forma de divulgar os jogos nas mais diferentes formas de comunicação *on-line*. É possível apostar em anúncios pagos nas redes sociais ou até mesmo em campanhas publicitárias com outros jogos (ou seja, conversar com empresas de jogos que desejam anunciar em seus jogos).

Sabemos que, à primeira vista, parece complicado, mas os jogos *on-line* podem gerar milhões de euros por ano e atualmente são uma das formas de negócio mais lucrativas. Os princípios de marketing permanecem os mesmos na maioria dos setores, mas os jogos *on-line* e os jogos sociais exigem experiência no que se refere ao comportamento do cliente, aos setores de referência e em como verificar o desempenho.

Pode-se ter algumas ideias ou ver um grande orçamento aprovado para uma nova campanha, mas é preciso saber o que funciona e como medi-lo. Portanto, em outras palavras, em qualquer campanha de marketing, quando falamos em jogos *on-line*, eles devem fazer parte de uma estratégia mais ampla. Assim, para desenvolver uma estratégia, são necessárias metas.

Em seguida, tem início a fase de orçamento e pesquisa com base em expectativas realistas. Depois de dominar esses elementos básicos, pode-se começar a expor materiais criativos envolvendo pesquisas, conceitos, projetos e testes.

O próximo passo é fazer uma análise estatística dos resultados de todos os testes de diversificação realizados nesse processo. Por exemplo, compreender a maneira como as pessoas interagem com os jogos pode ser uma informação essencial para designers de *software*. Saber se as pessoas pretendem ser guiadas por metas ou objetivos no jogo e se estão dispostas a acumular pontos, níveis ou dinheiro é essencial para o verdadeiro sucesso.

Lembre-se de que um bom jogo é o cartão de visita *on-line* da empresa que o criou. Se o primeiro jogo lançado for bem-sucedido, é provável que os demais também o sejam.

v74/Shutterstock

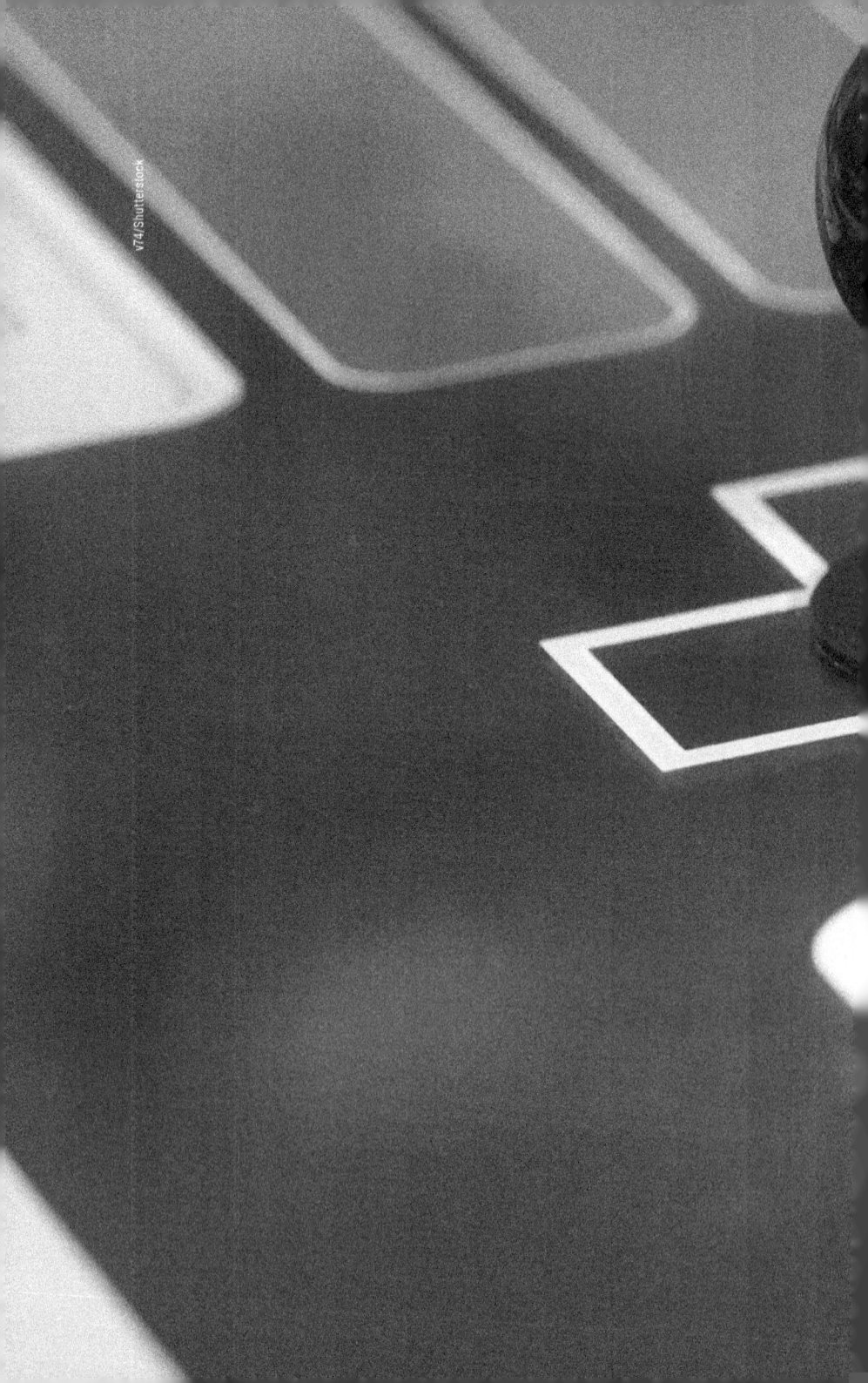

CAPÍTULO 6

O FUTURO DOS JOGOS DIGITAIS

Para entender melhor o que vem por aí no mundo dos jogos, é preciso saber que será muito semelhante aos serviços de *streaming* que existem hoje, como Netflix, Crackle e Hulu. A ideia é que o jogador assine um serviço e tenha acesso a muitos jogos de maneira *on-line*.

A transmissão de jogos funciona da mesma maneira, mas com um adicional muito importante: o processamento. O serviço disponível para jogar tem de ser de alta qualidade, pois jogar em plataforma de nuvem é uma tarefa difícil. A Nvidia, por exemplo, espera usar a mesma tecnologia dos computadores na aplicação de jogos na nuvem.

O consumo de jogos pode mudar o mundo dos consoles, se pensarmos que os games estarão em nuvem e o tom da discussão mudará. O foco não será mais na plataforma com as melhores capacidades gráficas, mas sim em uma plataforma com os melhores serviços, porque a experiência de jogo será a mesma, como já acontece com os *smartphones*.

Ajustar a plataforma ao gosto do consumidor será o maior desafio, pois jovens gostam de jogos retrô, crianças de jogos não tão infantis e velhos de jogos de tabuleiro. Então, a classificação e a apresentação do jogo é que podem demandar mais tempo para serem desenvolvidas.

Dessa forma, podemos até considerar que Xbox, Playstation e Wii U não serão mais serviços contratados por qualquer jogador como são atualmente, pois terão de se adaptar à tecnologia em nuvem e criar ou adequar um modelo de negócios ajustado a esse novo jogo. Títulos proprietários, controles e serviços próprios continuarão a existir, mas a caixa chamada *console* pode até desaparecer, tornando-se, assim, como os disquetes e os CDs, peça de museu.

O mais estranho dessa história é que a capacidade de sobrevivência da grade de jogos pode fazer com que o usuário final não precise mais da CPU no computador ou do console. Como resultado, o número de vendas desse componente para os consumidores finais pode diminuir.

A melhor maneira de levar isso adiante é por meio da criação de provedores de serviços e, em breve, também será possível reduzir as vendas de CPU e consoles para usuários finais e ver novas áreas de negócios em empresas que desejam fornecer serviços de jogos através da nuvem. O mundo mudou e a inovação é necessária.

Após definir o modelo de negócios para implantar jogos em nuvem e as empresas que podem prestar esse serviço, a rede só poderá ser comercializada em mais ou menos seis meses.

Em relação às empresas que podem usar a tecnologia no Brasil, é possível que organizações que já prestam serviços de banda larga ou empresas de outros departamentos de tecnologia possam atuar nesse mercado, ou até mesmo *startups* comecem a gerar esse tipo de serviço.

Ainda quanto às empresas de telefonia e banda larga, elas poderiam assumir esse serviço de *streaming* de jogos, pois está claro que, como os serviços de televisão já têm experiência, elas seriam as melhores organizações para absorver essa demanda. Infelizmente, no Brasil, de acordo com a mais recente pesquisa da União Internacional de Telecomunicações (UIT), sob a supervisão do governo brasileiro, essas empresas também são responsáveis por fornecer um dos serviços de banda larga, telefonia móvel e fixa mais caros do mundo (Fleury; Nakano; Cordeiro, 2014).

6.1 Os jogos e a pandemia

Com o desenvolvimento da tecnologia digital e seu impacto no cotidiano de grande parte da população, algumas atividades comuns começaram a desempenhar um papel cada vez mais importante no dia a dia das pessoas. O consumo de jogos movimentou bilhões de dólares no mercado ano após ano e, nas últimas décadas, tornou-se um dos ramos mais lucrativos da indústria global de entretenimento.

O ano de 2020 foi marcado pela pandemia do Covid-19. Com isso, ocorreu uma quarentena forçada em todo território global, sendo caracterizada por uma crise econômica generalizada em vários países, incluindo o Brasil, que afetou as mais diversas indústrias.

No entanto, no caos causado pelo coronavírus, o mercado de jogos foi um dos únicos afetados positivamente. Embora o hábito de consumir jogos tenha aumentado constantemente nos últimos anos, essa curva se acelerou no período da quarentena, pois as pessoas não podiam sair de casa.

Durante o isolamento social, as pessoas começaram a encontrar novas formas de entretenimento para passar o tempo livre, promovendo o sucesso das vendas de jogos e equipamentos eletrônicos. De acordo com uma pesquisa realizada pela Superdata, empresa do grupo Nielsen, em março de 2020 os gastos globais em jogos digitais ultrapassaram 10 bilhões de dólares (Ginak, 2020).

O maior valor mensal da história gasto com jogos, principalmente para *smartphone*, reflete diretamente os novos hábitos trazidos por essa epidemia. O relatório mais recente da empresa de gerenciamento móvel Navita mostra que 46% dos aplicativos fora da rede da empresa pertencem à categoria de jogos (Cury, 2020).

Aqui, a pesquisa é baseada em dispositivos móveis da empresa (especialmente *smartphones*) usados pelos seus funcionários. A pesquisa analisou mais de dois mil telefones celulares corporativos de trinta empresas em diferentes áreas (Cury, 2020).

6.2 Depressão, pandemia e games

Dos aspectos não resolvidos do distanciamento social causado pela pandemia de Covid-19, os problemas psicológicos, como depressão e ansiedade, são alguns dos que têm afetado a população. De acordo com um estudo realizado pela Universidade do Estado do Rio de Janeiro (UERJ) e publicado pela revista médica *Lancet*, durante a pandemia, os casos de ansiedade e estresse aumentaram e o diagnóstico de pacientes com depressão se elevaram em 90% (Gameiro, 2020).

A depressão afeta públicos de todas as idades e existem muitos fatores para essa causa, mas na pandemia podemos destacar a pressão pelo aumento do ônus das obrigações durante o período de isolamento. Muitos trabalhadores foram forçados a sair de casa por empresas importantes, entre outros que não podem trabalhar remotamente.

Em outros casos, pessoas mais velhas (grupos de alto risco) e mulheres são alvos de possíveis contágios porque as crianças e outros parentes estão em casa, obrigando-os a atender às necessidades de trabalho na rua, além de maior trabalho doméstico.

A Covid-19 gerou muita insegurança no cotidiano dos brasileiros e no restante do mundo, que passou a enfrentar incertezas em todos os aspectos da vida. Por um lado, há a pressão do isolamento social que garante vidas e, por outro, a infecção de uma pessoa querida que pode nunca mais ser vista pela família, nem mesmo no enterro, a não ser que se recupere.

Então, a quarentena suspendeu reuniões com amigos, terapias de grupo, encontros religiosos, grupos de trabalho, encontros de família e festas. Os projetos para o futuro foram adiados e tudo passou a ser incerto para todos. Esse problema não afetou necessariamente um público específico, mas, mesmo que cada um tenha uma resposta própria a esse tipo de estímulo, todos poderemos sofrer – seja o sofrimento que afeta a todos, seja um sofrimento mais intenso.

As manifestações clínicas de depressão e ansiedade são fenômenos complexos e qualquer tentativa de simplificá-los pode ser perigosa, especialmente no contexto de pandemia e separação social. O que fica claro durante essa pandemia é que todos teremos de mudar nossos hábitos daqui por diante.

Os jogos passaram a ser, então, a companhia das pessoas nesse sentido. O número de jogadores aumentou 80% durante esse período, e o jogos em nuvem, nos quais as pessoas podem se encontrar, ganharam muitos reforços, porque, mesmo longe fisicamente, as pessoas se reúnem e jogam pela internet.

No caso de pessoas solitárias, jogos de competição (individuais ou que utilizam inteligência artificial) também tiveram crescimento considerável. Vale também dizer que a pandemia alavancou o desenvolvimento de jogos para *smartphones*, tópico que exploraremos na próxima seção.

6.3 Jogos para celular

Com a necessidade de isolamento social decorrente da pandemia de Covid-19, que inviabilizou diversas formas de entretenimento, como *shows*, cinemas etc., as pessoas precisaram buscar alternativas de lazer em suas casas. Uma das encontradas foram os jogos.

É possível atestarmos essa afirmação contrastando as receitas obtidas por essa indústria em 2019 (antes da pandemia) e em 2020 (Galvão, 2020; Wakka, 2021): 109,4 e 126,6 bilhões de dólares (valores divididos por plataforma no Gráfico 6.1; tais percentuais provêm, cabe sinalizar, de pesquisas realizadas pelo Superdata), respectivamente. Isso indica um aumento de 12% no setor (Wakka, 2021), o que quase concretiza os 13,3% previstos pela Newzoo (2021). A expectativa dessa organização é que tal mercado, que não sofreu redução com a pandemia, ultrapasse a receita de 200 bilhões de dólares até o final de 2023 (Larghi, 2020).

Gráfico 6.1 – **Comparativo dos rendimentos da indústria de jogos em bilhões de dólares (2019-2020)**

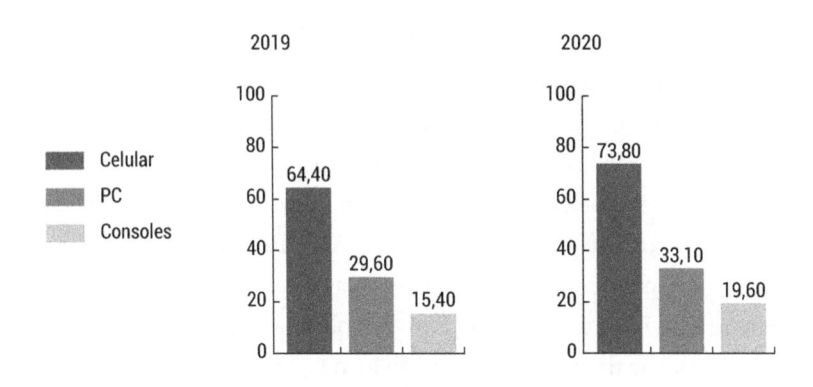

	2019	2020
Celular	64,40	73,80
PC	29,60	33,10
Consoles	15,40	19,60

Fonte: Elaborado com base em Galvão, 2020; Wakka, 2021.

Examinando o gráfico anterior, por fim, podemos constatar a hegemonia dos dispositivos móveis (*smartphones*, *tablets* e celulares) entre os games. Isso se deve ao fato de esses aparelhos oferecerem menos obstáculos a tais produções: são amplamente difundidos (cerca de dois quintos da população mundial possuem *smartphones*); nesse nicho, os games têm custos mais baixos ou são gratuitos (é o caso de uma parcela minúscula dos para PCs, por exemplo); no caso dos jogos *on-line*, há a possibilidade de estar permanentemente conectado, seja via *wifi*, seja via 3G/4G (Larghi, 2020). A soma desses fatores à pandemia contribuiu para esse crescimento imprevisto do setor.

6.4 Games na nuvem

Antes de entendermos o que são jogos em nuvem, é preciso que compreendamos o que são nuvens. Nuvens nada mais são do que espaços virtuais alocados fisicamente em um servidor e que podem ser acessados de qualquer parte do mundo. Isso torna ultrapassados os *datacenters* locais e, por conseguinte, gera economia.

Quanto à expressão *jogos em nuvem* (*cloud gaming*), conforme Barros (2016, citado por Silva; Martins, 2019), refere-se àquelas produções cujo processamento não é feito localmente, ou seja, encontram-se alocadas em servidores remotos (nuvens), o que elimina a necessidade de fazer *download* do jogo e permite aos desenvolvedores, entre outras questões, focalizar o desempenho do jogo em vez de problemas de compatibilidade entre componentes, assim como, usando esse modelo, evitar a pirataria de games digitais.

Para o referido autor, *cloud gaming* também beneficia o usuário, visto que dispensa "constantes atualizações de hardware para acessar novos jogos" (Barros, 2016, citado por Silva; Martins, 2019, p. 165). O serviço de assinatura, tal como a Netflix para filmes e séries e o Spotify para músicas, *Playstation Now* já conta com essa tecnologia, oferecendo uma ampla biblioteca de jogos (detalharemos esse serviço mais adiante).

Como qualquer recurso, contudo, *cloud gaming* também tem desvantagens. A principal delas é o tempo de resposta ao usuário, quer dizer, durante uma jogatina, para qualquer ação realizada pelo jogador, faz-se um cálculo e, na sequência, seu resultado é exibido em tela. No caso dos jogos em nuvem, o tempo entre o processamento e a exibição é maior, apresenta certa latência, o que pode prejudicar a experiência do jogador, principalmente no caso de jogos de ritmo, que exigem movimentos rápidos e precisos (Silva; Martins, 2019). Em outras palavras, latência é o tempo que o aparelho leva para acessar o servidor de jogos. Quanto maior esse tempo, mais problemas são ocasionados do lado do jogador e do lado do jogo.

Essa problemática, porém, já tem soluções/atenuantes. Alguns jogos já preveem esse atraso e usam mecanismos próprios para reduzi-lo. Como grande parte dele resulta da codificação e transmissão de vídeo, para Barboza (2016, citado por Silva; Martins, 2019, p. 15), é possível "adicionar um vetor de movimento, que pode ser aplicado pelo cliente a vários quadros subsequentes, e não é necessário aguardar a programação quadro a quadro chegar no servidor". Esclarecendo melhor: na renderização dos quadros, o vídeo criado precisa ser codificado, transmitido e decodificado em um tempo curtíssimo. "Como o jogo depende da interação do jogador, é impossível gerar um *buffer*" (Silva; Martins, 2019, p. 166).

Cabe destacar que esse problema ocorre e é agravado principalmente pela alta taxa de consumo de internet por parte dos *streamings*. Para melhorar a experiência dos jogadores nessa modalidade, espera-se que, no futuro, *cloud gaming* seja implementado em rede 4G/5G (Silva; Martins, 2019).

6.5 Streaming de jogos

A partir dos anos 2000, o *streaming* de jogos tornou-se realidade com o OnLive (inativo desde 2015 e patenteado pela Sony) e o Gaikai, permitindo aos usuários consumir jogos complexos sem possuírem aparelhos com *hardwares* potentes. Isso porque os jogos são executados em servidores externos, ao passo que os usuários recebem em suas telas apenas o vídeo decodificado resultante desse processo (Junqueira, 2019).

Atualmente, esse serviço encontra-se aprimorado e difundido, exceto no Brasil. Na sequência, apresentaremos as duas plataformas de *streaming* mais relevantes, conforme Junqueira (2019).

Sony – PlayStation Now

- A Sony comprou a Gaikai em 2012 e a relançou dois anos depois como *PlayStation Now* – serviço que conta com maior cobertura entre os demais: Estados Unidos, Canadá, Reino Unido, Japão e parte da Europa.
- Utilizando-se uma conexão de, pelo menos, 5 megabytes e investindo-se cerca de 20 dólares por mês, podem-se jogar e baixar (com exceção dos games de PS3) títulos do PlayStation 2 ao 4 em diferentes dispositivos.

Nvidia – GeForce Now

- Lançado em 2015 sob o nome de *Nvidia Grid* e para dispositivos Shield, esse serviço foi redesignado dois anos depois e é ofertado de maneira mais restrita, contemplando apenas Estados Unidos e Europa.
- Nessa plataforma é possível tanto assinar para experimentar toda a biblioteca de jogos quanto adquirir somente um produto, além de poder jogá-los em transmissões de maior ou menor qualidade, no caso de conexões acima de 50 megabytes ou abaixo de 10 megabytes, respectivamente.

6.6 Mercado de jogos pós-pandemia

Como reiteramos ao longo da obra, a pandemia de Covid-19 transformou radicalmente a rotina dos sujeitos, fez inúmeras vítimas e, ainda, provocou e intensificou uma crise econômica mundial. Por isso, assistimos a dezenas de negócios vazios, em falência, realizando demissões em massa, perdendo clientes ou mesmo lutando para se reinventar e "sobreviver". Mesmo parte da indústria de entretenimento, sobretudo a de jogos, apesar dos resultados positivos já apontados, foi fortemente impactada e redesenhada.

Em cenários de crise como o recente, a população tem seu poder de compra reduzido e o direciona para adquirir o extremamente necessário. Embora não pareça a princípio, o lazer se encaixa na categoria necessidades, já que certas atividades podem servir de refúgio ou distração ante a triste realidade. Ocorre, assim, um efeito social chamado *casulo*, responsável por fazer as pessoas ficarem "mais em casa, trocando suas atividades sociais por alternativas mais baratas de lazer e entretenimento, como é o caso dos serviços de streaming e videogames" (Ferreira, 2020) – distanciamento esse, na pandemia de Covid-19, decorrente de questões sanitárias.

Alguns percentuais calculados em 2020 exemplificam esse efeito. O valor das ações da Netflix, por exemplo, somente em março desse ano, alcançou o pico de 9%, ao passo que a Steam, cerca de três meses depois, teve seu número de visitas duplicado em relação ao mesmo período de 2019. A Twitch, por sua vez, já em constante crescimento, registrou um aumento de 20% no número de visualizações de transmissões, assim como atingiu 3 milhões de espectadores simultâneos e 120 mil canais ao vivo (Ferreira, 2020). O varejo digital, uma tendência consolidada, expandiu-se e perdurou a preferência por mídias digitais em vez de por cassetes e discos ópticos. Somam-se a esses dados os gráficos com os valores exorbitantes obtidos pela indústria de games nessa época (citados há pouco). Logo, tudo isso demonstra a capacidade de parte da indústria de resistir à crise, ao caos econômico e social.

É pertinente sinalizar que o cenário brasileiro também tem se mostrado favorável, principalmente em razão da desvalorização do real, já que as desenvolvedoras brasileiras recebem em dólar. Conforme Vieitez, presidente da distribuidora Level Up! no país, as receitas da empresa subiram entre 30% e 50% com a pandemia. O estúdio Sunland, por sua vez, espera vender entre 20 e 30 mil cópias de seus jogos ao longo de oito meses. Cabe destacar a estimativa de que se difundam ainda mais os jogos educacionais e corporativos (Folhapress, 2020).

Como afirmamos, essa área também precisou passar por adaptações e o maior exemplo disso é a Eletronic Entertainment Expo (E3), a maior feira de jogos do mundo, cancelada em razão da pandemia. Embora esse evento, antes restrito a jornalistas e varejistas, suscite grande curiosidade e animação entre a comunidade *gamer* por apresentar as novidades sobre os jogos e consoles em pré-lançamento, tem sido substituído por prévias e transmissões individuais das desenvolvedoras, principalmente no caso das mais consagradas, como a Nintendo, que adotou o sistema Direct (vídeos por meio dos quais compartilha suas notícias), e a Microsoft. Nesse sentido, essas empresas têm priorizado mais investimentos em marketing digital que nos luxuosos painéis da E3. Com o referido cancelamento, a tendência é que o evento mude cada vez mais de formato (Neto, 2020).

Nesse contexto, também foram cancelados e adiados eventos nos setores de tecnologia, responsáveis por traçar a ponte entre *startups* e investidores, e campeonatos de *e-sports*. Mesmo que a "ação" desses competições se materialize no âmbito *on-line*, em virtude de aspectos como latência e *frame rate*, que asseguram a qualidade desses confrontos, não puderam ser realizados de forma remota. Isso acarretou, respectivamente, prejuízos financeiros e parcerias não fechadas (Ferreira, 2020).

Vale destacar outro exemplo de adaptação diante das circunstâncias mencionadas: a Fórmula 1 – que realizou eventos sem público; uma estratégia para suprir as demandas de seus espectadores e patrocinadores (Ferreira, 2020).

Até o momento, poucos games passaram por adiamentos; ainda assim, as desenvolvedoras veem-se obrigadas a repensar: Como produzir jogos nesse contexto? "Será que vão conseguir desenvolver técnicas para minimizar a estafa e a jornada de trabalho nos escritórios? Ou, pior, será que aproveitarão a experiência forçada de *home office* e ocuparão seus funcionários até mesmo em seus momentos de folga?" (Neto, 2020). Quer dizer, o criticável *crunch* – prática de, ao final da produção de um game, estender as horas de trabalho para toda a semana e muito acima de 12 horas diárias – será reduzido ou aumentado? Quais serão as consequências dos adiamentos e cancelamentos? (Neto, 2020).

Tendo em vista a famosa frase de que a arte imita a vida, e vice-versa, diversas produções inspiraram-se nas situações vivenciadas durante a pandemia de Covid-19 ou ganharam notoriedade por, antes dessa fatalidade, retratarem narrativas e cenários similares a esse.

Exemplo disso é o jogo Plague Inc. – cujo número de *downloads* sempre dispara quando há surtos de doenças; e o mesmo ocorreu na pandemia de Covid-19 (BBC News, 2020) –, lançado em 2012 pelo economista James Vaughan e fundado na premissa não de evitar, mas sim de proliferar doenças e extinguir a humanidade. Nesse game, o jogador assume o papel de um agente patógeno (vírus, bactéria, fungo etc.) e tenta burlar/atrasar ações governamentais e da comunidade acadêmica para conter a doença e produzir uma vacina. Assim, o jogador pode compreender o processo de evolução do agente, seus mecanismos de propagação e como contê-los, como evitar se contaminar etc.

Portanto, essa produção permite entender o "*modus operandi*" das doenças e sua gravidade, assim como adotar, conscientemente, posturas coletivas adequadas e eficazes para combatê-las. Por isso, sua importância educativa foi reconhecida por instituições como o Centro de Controle e Prevenção de Doenças (CDC) dos Estados Unidos (Lafloufa, 2020). Contudo, o jogo não foi bem recebido em toda parte – quase como se incentivasse a criação de contextos sanitários caóticos –, que foi o caso da China, onde Plague Inc. foi banido por "conteúdo ilegal" (Carta, 2020).

No outro extremo dessa experiência, alguns jogos de tabuleiro apoiam-se na colaboração entre seus jogadores, que devem tomar decisões rápidas e coerentes e assumir diferentes papéis (médicos, especialistas em quarentena etc.), para controlar doenças. É o caso de Pandemic, lançado pela Galápagos e criado pelo designer norte--americano Matt Leacock entre as pandemias de Sars (2003) e H1N1 (2009). Trata-se de um dos *board games* mais importantes da atualidade, indicado a mais de 20 prêmios ao redor do mundo, e que também viu seu número de vendas crescer com a pandemia recente (Lafloufa, 2020).

Em 2005, o MMORPG (*massive multiplayer RPG*) World of Warcraft lançou uma nova *raid* – uma espécie de desafio realizado em grupos de 10 ou mais jogadores e que constitui o desfecho de parte da história principal do jogo – e seu *boss* ("chefe" que precisa ser derrotado), Hakkar, the Soulflayer. Entre suas habilidades, o personagem contava com um poderoso feitiço chamado *sangue corrompido*, capaz de se espalhar entre os participantes da *raid* e com efeito inicialmente restrito a esse espaço (Gogoni, 2020).

Contudo, alguns jogadores conseguiram sair corrompidos desse local. Além disso, montarias, *pets* e mesmo NPCs (*non-player characters*) foram afetados pela doença e, fora da *raid*, como não estavam verdadeiramente enfermos (alguns, inclusive, eram assintomáticos), funcionaram como vetores da infecção, transmitindo-a por todo o servidor e, por conseguinte, atingindo mais de 2 milhões de jogadores (Gogoni, 2020). Cabe frisar que alguns jogadores, por puro prazer ante o caos, dedicaram-se a espalhar a infecção de propósito.

Para conter e tratar a doença, a Blizzard, empresa responsável pelo jogo, implementou uma série de estratégias já vistas no mundo real: área de quarentena; pontos de controle (cidades não infectadas e guardadas por jogadores saudáveis); proibição de livre trânsito; movimentos de prevenção; curandeiros gratuitos etc. Porém, não obteve sucesso e precisou fazer uma reinicialização forçada do servidor (Gogoni, 2020).

Conforme Gogoni (2020), essa pandemia digital chamou a atenção da comunidade médica, que conduziu estudos para prever comportamentos diante de casos reais semelhantes, com criação de modelos de percepção de risco, verificar os impactos na saúde (médicos e medicamentos insuficientes, por exemplo), identificar as condutas positivas e negativas conforme o caso, entre outros aspectos.

Autor de um artigo sobre o tema, Eric Logfren alertou que, embora medidas de contenção sejam importantes (restrições a viagens, fechamentos de fronteiras, controle de aglomerações etc.), elas são aplicadas apenas quando a doença já se propagou e causou estragos. Logo, segundo ele, todos os países devem preparar-se antes para essas fatalidades por meio da identificação e adoção de condutas que previnam as doenças e evitem/reduzam seu potencial de contaminação (Gogoni, 2020).

Portanto, o caso aqui relatado ilustra como jogos podem projetar cenários que, se analisados, contribuem para criar conhecimentos sobre eles e elaborar resoluções para problemas concretos.

considerações finais

Os jogos estão presentes na vida da sociedade desde antes das inovações tecnológicas. Já na Grécia Antiga havia a concepção de que os jogos eram um caminho para que as pessoas tivessem um melhor desenvolvimento do estado de espírito. E, antes mesmo dos jogos digitais, em tempo mais recentes, já se utilizavam baralhos e dominós como divertimento.

As considerações da seção introdutória deste livro expuseram o processo gradual de desenvolvimento dos jogos, desde a concepção dos povos antigos, passando pelo Cathode-Ray Tube Amusement, até os dispositivos que são utilizados atualmente, como o Nintendo.

Optamos por referenciar uma parcela significativa da literatura especializada e dos estudos científicos a respeito dos temas abordados. Além disso, apresentamos uma diversidade de indicações culturais para enriquecer o processo de construção de conhecimentos aqui almejado.

Nesse sentido, mostramos como os jogos surgiram e o momento em que se tornaram febre, assim como de que maneira a competitividade no setor fomentou sua evolução e a criação de inovadoras e intrigantes produções.

Além disso, entendemos que os jogos tocam na necessidade coletiva de sobrevivência e, nessa perspectiva, demonstram a soberania humana nesse processo.

Em suma, verificamos a importância dos jogos na vida das pessoas e o quanto eles podem ajudar no melhoramento do raciocínio e da memorialização.

Referências

ABED – Associação Brasileira de Educação a Distância. **Censo EAD. BR**: relatório analítico da aprendizagem a distância no Brasil – 2009. São Paulo: Pearson, 2011.

ABRAGAMES – Associação Brasileira das Desenvolvedoras de Jogos Eletrônicos. **A indústria de desenvolvimento de jogos eletrônicos no Brasil**. São Paulo, 2005. Disponível em: <http://www.abragames.org/uploads/5/6/8/0/56805537/pesquisa_2005_-_a_industria_de_desenvolvimento_de_jogos_eletronicos_no_brasil.pdf>. Acesso em: 19 jan. 2021.

ABREU, A. **Videogame**: um bem ou um mal? Um breve panorama da influência dos jogos eletrônicos na cultura individual e coletiva. São Paulo, 2009.

AGUILERA, M.; MÉNDIZ, A. Vídeo Games and Education. **ACM Computers in Entertainment**, v. 1, 2003.

ALBUQUERQUE, R. M. de; FIALHO, F. A. P. Diversão nos jogos eletrônicos: reflexões epistemológicas para o Game Design. In: SBGAMES, 9., 2010, Florianópolis. **Anais...** Disponível em: <sbgames.org/papers/sbgames10/artanddesign/Full_A&D_4.pdf>. Acesso em: 19 jan. 2021.

ALMEIDA, R. de C. Unidade didática: jogos de tabuleiro na escola. In: O professor PDE e os desafios da escola pública paranaense: produção didático-pedagógica. **Cadernos PDE**, v. II, 2009. Disponível em: <http://www.diaadiaeducacao.pr.gov.br/portals/cadernospde/pdebusca/producoes_pde/2009_uenp_educacao_fisica_md_rita_de_cassia_almeida.pdf>. Acesso em: 4 fev. 2021.

ALMEIDA, S. **Show do DJ Marshmello no Fortnite reúne mais de 10 milhões de jogadores simultaneamente**. 4 fev. 2019. Disponível em: <https://mundoconectado.com.br/noticias/v/8236/show-do-dj-marshmello-no-fortnite-reune-mais-de-10-milhoes-de-jogadores-simultaneamente>. Acesso em: 22 mar. 2021.

AMIN, J. Jogos de tabuleiro movimentam mercado que vai da diversão a curso de narrativas e protótipos. **O Globo**, 1º set. 2018. Disponível em: <https://oglobo.globo.com/rio/bairros/jogos-de-tabuleiro-movimentam-mercado-que-vai-da-diversao-curso-de-narrativas-prototipos-23026177>. Acesso em: 4 fev. 2021.

ARBULU, R. Facebook removeu quantidade absurda de posts contendo discurso de ódio em 2020. **Canaltech**, 13 maio 2020. Disponível em: <https://canaltech.com.br/redes-sociais/facebook-removeu-quantidade-absurda-de-posts-contendo-discurso-de-odio-em-2020-164784/>. Acesso em: 16 mar. 2021.

ARTAUD, A. **O teatro e seu duplo**. Tradução de Monica Stahel. 3. ed. São Paulo: Martins Fontes, 2006.

BARROS, V. P. **Big Data Analytics em Cloud Gaming**: um estudo sobre o reconhecimento de padrões de jogadores. 83 f. Dissertação (Dissertação em Engenharia Elétrica e Computação) – Universidade Presbiteriana Mackenzie, São Paulo, 2016. Disponível em: <http://tede.mackenzie.br/jspui/handle/tede/3405>. Acesso em: 4 fev. 2021.

BATISTA, M. de L. S.; QUINTÃO, P. L.; LIMA, S. M. B. Um estudo sobre a influência dos jogos eletrônicos sobre os usuários. **Revista Eletrônica da Faculdade Metodista Granbery**, n. 4, jan./jun. 2008. Disponível em: <http://re.granbery.edu.br/artigos/MTM4.pdf>. Acesso em: 4 fev. 2021.

BBC NEWS. Plague Inc: jogo com missão de espalhar doenças no mundo domina ranking dos mais baixados após coronavírus. **Uol Notícias**, 2 fev. 2020. Disponível em: <https://noticias.uol.com.br/ultimas-noticias/bbc/2020/02/02/plague-inc-jogo-com-missao-de-espalhar-doencas-no-mundo-domina-ranking-dos-mais-baixados-apos-coronavirus.htm>. Acesso em: 18 mar. 2021.

BELLO, R. S. **História e videogames**: como os jogos eletrônicos podem ser pensados por historiadores. 13 nov. 2017. Disponível em: <https://www.cafehistoria.com.br/historia-e-videogames/>. Acesso em: 12 mar. 2021.

BOZZA, T. C. L. **O uso da tecnologia nos tempos atuais**: análise de programas de intervenção escolar na prevenção e redução da agressão virtual. Dissertação (Mestrado em Educação) – Universidade Estadual de Campinas, Campinas, 2016. Disponível em: <http://repositorio.unicamp.br/bitstream/REPOSIP/305317/1/Bozza_ThaisCristinaLeiteBozza_M.pdf>. Acesso em: 16 mar. 2021.

BRESCIANI, A. A. **A guerra dos botões**: a estética da violência nos jogos eletrônicos. In: VIII Jornada de Iniciação Científica do Campus de Marilia: resumos. Marília: Unesp Marília Publicações, 2001. p. 98-99.

BRITANNICA ESCOLA. **Jogo eletrônico**. Disponível em: <https://escola.britannica.com.br/artigo/jogo-eletr%C3%B4nico/481214>. Acesso em: 4 fev. 2021.

CAILLOIS, R. **Os jogos e os homens**: a máscara e a vertigem. Tradução de Tânia Ramos. São Paulo: Vozes, 2017.

CAMARGO, G. Descubra o universo do game marketing e saiba como se vincular com o seu público. **Rock Content**, 1º maio 2019. Disponível em: <https://rockcontent.com/br/blog/game-marketing/>. Acesso em: 4 fev. 2021.

CANO, R. J. Pinterest se transforma em loja. **El País**, 3 jun. 2015. Disponível em: <https://brasil.elpais.com/brasil/2015/06/03/tecnologia/1433283247_161394.html>. Acesso em: 16 mar. 2021.

CARTA, L. Jogo Plague Inc. é banido na China após surto de coronavírus; entenda. **TechTudo**, 28 fev. 2020. Disponível em: <https://www.techtudo.com.br/noticias/2020/02/jogo-plague-inc-e-banido-na-china-apos-surto-de-coronavirus-entenda.ghtml>. Acesso em: 19 mar. 2021.

CBES – Confederação Brasileira de eSports. **História do eSports**. Disponível em: <http://cbesports.com.br/esports/historia-do-esports/>. Acesso em: 4 fev. 2021.

CLUNIE, G. et al. Escola: Meta-ambiente de aprendizagem baseado em hipertecnologias. In: CONGRESSO DA REDE IBEROAMERICANA DE INFORMÁTICA NA EDUCAÇÃO, 3., Barranquilla, 1996.

CHANDLER, H. M. **Manual de produção de jogos digitais**. Tradução de Aldir José Coelho Côrrea da Silva. 2. ed. Porto Alegre: Bookman, 2012.

COLLI, E. **Universo olímpico**: uma enciclopédia das Olimpíadas. São Paulo: Códex, 2004.

COMO escolher um bom programa para criar jogos: análise de funcionalidades, recursos e muito mais. Disponível em: <https://producaodejogos.com/programa-para-criar-jogos/>. Acesso em: 15 mar. 2021.

CORDEIRO, W. A. **A ascensão dos eSports**. 2018. Disponível em: <https://medium.com/tend%C3%AAncias-digitais/a-ascens%C3%A3o-dos-esports-a70ce1d96ee5>. Acesso em: 4 fev. 2021.

COUTINHO, D. **O que é realidade virtual?** Entenda melhor como funciona a tecnologia. 2015. Disponível em: <https://www.techtudo.com.br/noticias/noticia/2015/09/o-que-e-realidade-virtual-entenda-melhor-como-funciona-a-tecnologia.html>. Acesso em: 19 jan. 2021.

CSÍKSZENTMIHÁLYI, M. **Flow**: the Psychology of Optimal Experience. New York: Harper & Row, 1990.

CURY, M. E. Quarentena faz subir o número de downloads de games no celular do trabalho. **Exame**, 6 maio 2020. Disponível em: <https://exame.com/tecnologia/quarentena-faz-subir-o-numero-de-downloads-de-games-no-celular-do-trabalho/>. Acesso em: 18 mar. 2021.

DEGERING, B. **Jogos Digitais**: como eles podem auxiliar o seu negócio. 16 ago. 2019. Disponível em: <https://www.ultimaficha.com.br/2019/08/16/jogos-digitais-como-eles-podem-auxiliar-o-seu-negocio/>. Acesso em: 4 fev. 2021.

DONOVAN, T. **Replay**: The History of Video Games. Lewes: Yellow Ant Media, 2016.

DUARTE, L. C. S. Jogos de tabuleiro no design de jogos digitais. In: SBGAMES, 11., 2012, Brasília. **Anais...** Disponível em: <http://sbgames.org/sbgames2012/proceedings/papers/artedesign/AD_Full17.pdf>. Acesso em: 4 fev. 2021.

DTP – Data Transfer Project. Disponível em: <https://datatransferproject.dev/documentation>. Acesso em: 16 mar. 2021.

FALKEMBACH, G. A. M.; GELLER, M.; SILVEIRA, S. R. Desenvolvimento de jogos educativos digitais utilizando a ferramenta de autoria multimídia: um estudo de caso com o ToolBook Instructor. **Novas Tecnologias na Educação**, Porto alegre, v. 4, n. 1, jul. 2006. Disponível em: <https://seer.ufrgs.br/renote/article/view/13874>. Acesso em: 19 jan. 2021.

FERREIRA, M. M. **O mercado de game e streaming diante da pandemia do coronavírus**. 8 abr. 2020. Disponível em: <https://www.ecommercebrasil.com.br/artigos/o-mercado-de-game-e-streaming-diante-da-pandemia-do-coronavirus/>. Acesso em: 18 mar. 2021.

FLEURY, A.; NAKANO, D.; CORDEIRO, J. H. D. O. (Coord.). **Mapeamento da indústria brasileira e global**: jogos digitais. São Paulo: NGPT; USP, 2014. Disponível em: <http://www.abragames.org/uploads/5/6/8/0/56805537/mapeamento_da_industria_brasileira_e_global_de_jogos_digitais.pdf>. Acesso em: 18 mar. 2021.

FOLHAPRESS. Coronavírus e alta do dólar alimentam mercado de games. **Paraná Portal**, 21 jun. 2020. Disponível em: <https://paranaportal.uol.com.br/economia/coronavirus-mercado-games-alta/>. Acesso em: 19 mar. 2021.

GALVÃO, A. Indústria de games movimenta mais de 120 bilhões de dólares em 2019. **Gameblast**, 3 jan. 2020. Disponível em: <https://www.gameblast.com.br/2020/01/industria-de-games-faturamento-2019.html>. Acesso em: 18 mar. 2021.

GAMEHALL. **Como assim?** Para a Netflix, "Fortnite" é seu principal concorrente. 18 jan. 2019. Disponível em: <https://www.uol.com.br/start/ultimas-noticias/2019/01/18/como-assim-para-a-netflix-fortnite-e-seu-principal-concorrente.htm>. Acesso em: 16 mar. 2021.

GAMEIRO, N. Depressão, ansiedade e estresse aumentam durante a pandemia. **Fiocruz**, 13 ago. 2020. Disponível em: <https://www.fiocruzbrasilia.fiocruz.br/depressao-ansiedade-e-estresse-aumentam-durante-a-pandemia/>. Acesso em: 18 mar. 2021.

GEHLEN, S. M.; LIMA, C. V. de. Jogos de tabuleiro: uma forma lúdica de ensinar e aprender. In: Os desafios da escola pública paranaense na perspectiva do professor PDE. **Cadernos PDE**, v. I, 2013. Disponível em: <http://www.diaadiaeducacao.pr.gov.br/portals/cadernospde/pdebusca/producoes_pde/2013/2013_unicentro_edfis_artigo_salete_marcolina_gehlen.pdf>. Acesso em: 4 fev. 2021.

GINAK, L. Mercado de games é superaquecido com isolamento social. **Estadão**, 9 maio 2020. Disponível em: <https://www.estadao.com.br/infograficos/economia,mercado-de-games-e-superaquecido-com-isolamento-social,1093479>. Acesso em: 18 mar. 2021.

GOGONI, R. Como World of Warcraft pode ajudar no combate ao coronovírus. **Meio Bit**. Disponível em: <https://tecnoblog.net/meiobit/418647/world-of-warcraft-ajuda-combate-coronavirus/>. Acesso em: 19 jan. 2021.

GOLDBERG, H. **All Your Base Are Belong to Us**: how Fifty Years of Videogames Conquered Pop Culture. New York: Three Rivers Press, 2011.

GOLDONI, D.; RIGO, S. J.; ALVES, I. M. da R. Contribuições da análise ludológica para a concepção de jogos sérios. **Revista de Sistemas de Informação da FSMA**, n. 13, p. 11-20, 2014. Disponível em: <http://www.fsma.edu.br/si/edicao13/FSMA_SI_2014_1_Principal_2.pdf>. Acesso em: 4 fev. 2021.

GUGELMIN, F. Show do DJ Marshmello em Fornite foi assistido por 10 milhões de pessoas. **Tecmundo**, 4 fev. 2019. Disponível em: <https://www.tecmundo.com.br/voxel/190681-show-dj-marshmello-fortnite-assistido-10-milhoes-pessoas.htm>. Acesso em: 16 mar. 2021.

HARRIS, B. J. **A guerra dos consoles**: Sega, Nintendo e a batalha que definiu uma geração. São Paulo: Intrínseca, 2014.

HUIZINGA, J. **Homos ludens**: o jogo como elemento da cultura. 5. ed. São Paulo: Perspectiva, 2001.

HUNICKE, R.; LEBLANC, M.; ZUBEK, R. MDA: a formal Approach to Game Design and Game Research. In: **Proceedings of the Challenges in Games AI Workshop**. Nineteenth National Conference of Artificial Intelligence. San Jose. 2004. Disponível em: <http://www.cs.northwestern.edu/~hunicke/MDA.pdf>. Acesso em: 19 jan. 2021.

JUNQUEIRA, D. Streaming de jogos é o futuro? Conheça os serviços de games na nuvem. **Olhar Digital**, 20 mar. 2019. Disponível em: <https://olhardigital.com.br/2019/03/20/games-e-consoles/streaming-de-jogos-e-o-futuro-conheca-os-servicos-de-games-na-nuvem/>. Acesso em: 18 mar. 2021.

KENSKI, R.; LEMOS, J. A. Luz! Computador! Ação! **Superinteressante**, São Paulo, 31 out. 2016. Disponível em: <https://super.abril.com.br/tecnologia/luz-computador-acao>. Acesso em: 11 jan. 2021.

KENT, S. L. **The Ultimate History of Video Games**: from Pong to Pokémon and Beyond. New York: Three Rivers Press, 2001.

KOSTER, R. **A Theory of Fun for Game Design**. Scottsdale: Paraglyph Press, 2005.

LAFLOUFA, J. Como jogos de tabuleiro, filmes e games falam dos desafios de uma pandemia. **TAB**, 16 abr. 2020. Disponível em: <https://tab.uol.com.br/noticias/redacao/2020/04/16/como-jogos-de-tabuleiro-e-games-podem-elucidar-os-desafios-de-uma-pandemia.htm>. Acesso em: 18 mar. 2021.

LARGHI, N. Com pandemia e jogos de celular, receita de games deve crescer 45% em 2020. **Valor Investe**, 27 jul. 2020. Disponível em: <https://valorinveste.globo.com/objetivo/gastar-bem/noticia/2020/07/21/com-pandemia-e-jogos-de-celular-receita-de-games-deve-crescer-45percent-em-2020.ghtml>. Acesso em: 18 mar. 2021.

LOGUIDICE, B.; BARTON, M. **Vintage Games**: an Insider Look at the History of Grand Theft Auto, Super Mario, and the Most Influential Games of All Time. Burlington: Focal Press, 2013.

MEEHAN, M. **Physiological Reaction as an Objective Measure of Presence in Virtual Environments**. Technical report, Chapel Hill, NC, USA, 2001. Disponível em: <http://wwwx.cs.unc.edu/Research/eve/dissertations/2001-Meehan.pdf>. Acesso em: 19 jan. 2021.

MENA, F. Estudos destacam lado bom dos games, mas alertam contra excessos. **Folha de S. Paulo**, 2003. Disponível em: <https://www1.folha.uol.com.br/folha/informatica/ult124u13181.shtml>. Acesso em: 19 jan. 2021.

MENEZES, B. C. de. Fortnite: dez vezes que o Battle Royale bateu marcas históricas. **e-SporTV**, 3 maio 2020. Disponível em: <https://globoesporte.globo.com/e-sportv/fortnite/noticia/fortnite-dez-vezes-que-o-battle-royale-bateu-marcas-historicas.ghtml>. Acesso em: 16 mar. 2021.

MINGFU, L. **The China Dream**: Great Power Thinking and Strategic Posture in the Post-American Era. New York: CN Times, 2015.

MOREIRA, F. Viciado em internet, casal deixa filhas em estado de inanição. **O Globo**, 2007. Disponível em: <https://blogs.oglobo.globo.com/pagenotfound/post/viciado-em-internet-casal-deixa-filhas-em-estado-de-inanicao-65967.html>. Acesso em: 19 jan. 2021.

NETO, G. Imaginando como será o mercado de games pós-coronavírus. **Agência Brasil**, 19 mar. 2020. Disponível em: <https://agenciabrasil.ebc.com.br/esportes/noticia/2020-03/coluna-imaginando-como-sera-o-mercado-de-games-pos-coronavirus>. Acesso em: 18 mar. 2021.

NEWZOO. Disponível em: <https://newzoo.com/>. Acesso em: 12 mar. 2021.

NEWZOO. **Brazil Games Market 2018**. 6 jul. 2018a. Disponível em: <https://newzoo.com/insights/infographics/brazil-games-market-2018>. Acesso em: 19 jan. 2021.

NEWZOO. **Mobile Revenues Account for More Than 50% of the Global Games Market as It Reaches $137.9 Billion in 2018**. 2018b. Disponível em: <https://medium.com/@newzoohq/mobile-revenues-account-for-more-than-50-of-the-global-games-market-as-it-reaches-137-9-2c444719f3f2>. Acesso em: 19 jan. 2021.

PEREIRA, L. T. **Introdução aos jogos digitais**: desenvolvimento, produção e design. Disponível em: <https://central3.to.gov.br/arquivo/453377/>. Acesso em: 4 fev. 2021.

PESQUISA GAMER BRASIL. **O lucro com jogos**. Disponível em: <https://www.pesquisagamebrasil.com.br/>. Acesso em: 19 jan. 2021.

PIACENTINI, M. T. **Jogo eletrônico, flow e cognição**. 102 f. Dissertação (Mestrado em Tecnologias da Inteligência e Design Digital) – Pontifícia Universidade Católica de São Paulo, São Paulo, 2011. Disponível em: <https://tede2.pucsp.br/bitstream/handle/18075/1/Mauricio%20Teixeira%20Piace.pdf>. Acesso em: 4 fev. 2021.

POVOLERI, B. Fornite: show de Travis Scott reafirma poder do jogo nos eSports. **E-SporTV**, 27 abr. 2020. Disponível em: <https://globoesporte.globo.com/e-sportv/fortnite/noticia/fortnite-show-de-travis-scott-reafirma-poder-do-jogo-nos-esports.ghtml>. Acesso em: 17 mar. 2021.

PROPMARK. **Quase 70% dos brasileiros jogam jogos eletrônicos e smartphone é a plataforma preferida**. 11 jun. 2019. Disponível em: <https://propmark.com.br/mercado/quase-70-dos-brasileiros-jogam-jogos-eletronicos-e-smartphone-e-a-plataforma-preferida/>. Acesso em: 16 mar. 2021.

QUAL é a função dos jogos virtuais em sua vida? 29 set. 2013. Disponível em: <https://conexoesclinicas.com.br/video-game-ate-que-ponto/>. Acesso em: 15 mar. 2021.

RACHEVSKY, D. C. **Presença, usabilidade, diversão e conforto em jogos de realidade virtual**: um estudo com usuários. 72 f. Monografia (Bacharelado em Ciência da Computação) – Universidade Federal do Rio Grande do Sul, Porto Alegre, 2018. Disponível em: <https://www.lume.ufrgs.br/bitstream/handle/10183/179741/001065122.pdf?sequence=1.>. Acesso em: 4 fev. 2021.

REUTERS. Celulares e nostalgia impulsionam mercado de games, que vai faturar US$ 1525 bi este ano, diz estudo. **O Globo**, 18 jun. 2019. Disponível em: <https://oglobo.globo.com/economia/tecnologia/celulares-nostalgia-impulsionam-mercado-de-games-que-vai-faturar-us-152-bi-este-ano-diz-estudo-23748684#>. Acesso em: 16 mar. 2021.

RIZZI, L. et al. **Atividades lúdicas na educação da criança**. Série Educação. São Paulo, 1994.

ROGERS, D. L. **Transformação digital**: repensando o seu negócio para a era digital. Tradução de Afonso Celso Cunha da Serra. São Paulo: Autêntica, 2017.

SATURNINO, L. Mercado de jogos digitais é tema de debate. **Mundo Bit,** 6 fev. 2019. Disponível em: <https://blogs.ne10.uol.com.br/mundobit/2019/02/06/mercado-de-jogos-digitais-e-tema-de-debate/>. Acesso em: 12 mar. 2021.

SANTOS, I. P. dos; SILVA, L. A. R. da; SILVA, R. M. D. da. A ludonarrativa no desenvolvimento dos games. **WebArtigos**, 2011. Disponível em: <https://www.webartigos.com/artigos/a-ludonarrativa-no-desenvolvimento-dos-games/65785/>. Acesso em: 4 fev. 2021.

SCHELL, J. **The Art of Game Design**: a Book of Lenses. Nova York: CRC Press, 2008.

SCHREIER, J. **Sangue, suor e pixels**: os dramas, as vitórias e as curiosas histórias por trás dos videogames. Tradução de Guilherme Kroll. Rio de Janeiro: Harper Collins, 2017.

SILVA, D. C. A. Narratologia. **InfoEscola**, 2020. Disponível em: <https://www.infoescola.com/literatura/narratologia/>. Acesso em: 4 fev. 2021.

SILVA, S. S. da. **Jogos eletrônicos**: contribuições para o processo de aprendizagem. 29 f. Trabalho de Conclusão de Curso (Bacharelado em Psicopedagogia) – Universidade Federal da Paraíba, João Pessoa, 2016. Disponível em: <https://repositorio.ufpb.br/jspui/bitstream/123456789/1889/1/SSS22062016>. Acesso em: 11 mar. 2021.

SILVA, V. A. F. da; MARTINS, A. P. dos S. Cloud Gaming: computação em nuvem nos jogos digitais. **Interface Tecnológica**, v. 16, n. 1, p. 158-170, 2019. Disponível em: <https://revista.fatectq.edu.br/index.php/interfacetecnologica/article/view/575>. Acesso em: 18 mar. 2021.

SLATER, M. **A Note on Presence Terminology**. Barcelona: ResearchGate, 2003.

SLEFO, G. P. O que o marketing pode aprender com o novo jogo da Amazon? **Meio & Mensagem**, 2020. Disponível em: <https://www.meioemensagem.com.br/home/marketing/2020/05/15/o-que-o-marketing-podem-aprender-com-novo-jogo-da-amazon.html>. Acesso em: 4 fev. 2021.

SOUSA, C. A. P. de. **Imersão e presença nos jogos FPS**: uma aproximação qualitativa. 147 f. Dissertação (Mestrado em Tecnologias da Inteligência e Design Digital) – Pontifícia Universidade Católica de São Paulo, São Paulo, 2012. Disponível em: <https://tede2.pucsp.br/bitstream/handle/18116/1/Carlos%20Augusto%20Pinheiro%20de%20Sousa.pdf>. Acesso em: 4 fev. 2021.

SOUZA, V. C. de. **Metodologia objetiva para avaliação de presença em ambientes virtuais imersivos**. Porto Alegre, 2015.

SUBAGIO, A. **Learning Construct 2**. Birmingham: Packt, 2014.

TEIXEIRA, M. S. **Recreação para todos**. 2. ed. São Paulo: Obelisco, 1970.

THIENGO, L . C.; BIANCHETTI, L.; MARI, C. L. de. Rankings acadêmicos e universidades de classe mundial: relações, desdobramentos e tendências. **Educação e Sociedade**, Campinas, v. 39, n. 145, p. 1041-1058, out./dez. 2018. Disponível em: <https://www.scielo.br/pdf/es/v39n145/1678-4626-es-39-145-1041.pdf>. Acesso em: 12 mar. 2021.

TWITTER bane mais de 170 mil perfis ligados ao governo da China. **DW**, 12 jun. 2020. Disponível em: <https://www.dw.com/pt-br/twitter-bane-mais-de-170-mil-perfis-ligados-ao-governo-da-china/a-53787774>. Acesso em: 16 mar. 2021.

WACHOWICZ, M. (Org.). **Proteção de dados pessoais em perspectiva**: LGPD e RGPD na ótica do direito comparado. Curitiba: Gedai; UFPR, 2020. Disponível em: <https://www.gedai.com.br/wp-content/uploads/2020/11/Protecao-de-dados-pessoais-em-perspectiva_ebook.pdf>. Acesso em: 16 mar. 2021.

WAKKA, W. Mercado de games tem receita 12% maior em 2020 com a Covid-19. **Canaltech**, 8 jan. 2021. Disponível em: <https://canaltech.com.br/games/mercado-de-games-tem-receita-12-maior-em-2020-com-a-covid-19-177046/>. Acesso em: 16 mar. 2021.

YOO-CHUL, K. Sul-coreano morre após 50 horas de jogo no computador. **Uol Últimas Notícias**, 9 ago. 2005. Disponível em: <https://noticias.uol.com.br/ultnot/reuters/2005/08/09/ult729u49279.jhtm>. Acesso em: 19 jan. 2021.

sobre a autora

Lucia Maria Tavares é mestra em Governança Corporativa. Desenvolve sua carreira na área de tecnologia da informação (TI) voltada para o âmbito da saúde, com ampla experiência nesse mercado, no desenvolvimento de projetos para implantação de sistemas, estruturação e governança de TI, assim como com jogos digitais.

Ministra aulas na plataforma Blackboard de arquitetura de soluções e atua na gestão de projetos de integração de sistemas e domínios, gamificação e jogos digitais. Ademais, na docência no ensino superior, tem experiência com as disciplinas de Projetos, Banco de Dados e Inovação e Jogos Digitais.

Os papéis utilizados neste livro, certificados por instituições ambientais competentes, são recicláveis, provenientes de fontes renováveis e, portanto, um meio responsável e natural de informação e conhecimento.

FSC
www.fsc.org
MISTO
Papel produzido a partir de fontes responsáveis
FSC® C103535

✻

Os livros direcionados ao campo do design são diagramados com famílias tipográficas históricas. Neste volume foram utilizadas a **Times** – criada em 1931 por Stanley Morrison e Victor Lardent para uso do jornal *The Times of London* e consagrada por ter sido, por anos, a fonte padrão do Microsoft Word – e a **Roboto** – desenhada pelo americano Christian Robertson sob encomenda da Google e lançada em 2011 no Android 4.0.

Impressão: Reproset
Maio/2023